Raúl Romero López

TRAS EL VELO DE LA PANDEMIA, UN NUEVO ROSTRO DE DIOS

AF535360

Raúl Romero López

TRAS EL VELO DE LA PANDEMIA, UN NUEVO ROSTRO DE DIOS

CREDO EDICIONES

Imprint
Any brand names and product names mentioned in this book are subject to trademark, brand or patent protection and are trademarks or registered trademarks of their respective holders. The use of brand names, product names, common names, trade names, product descriptions etc. even without a particular marking in this work is in no way to be construed to mean that such names may be regarded as unrestricted in respect of trademark and brand protection legislation and could thus be used by anyone.

Cover image: www.ingimage.com

Publisher:
CREDO EDICIONES
is a trademark of
Dodo Books Indian Ocean Ltd., member of the OmniScriptum S.R.L Publishing group
str. A.Russo 15, of. 61, Chisinau-2068, Republic of Moldova Europe
Printed at: see last page
ISBN: 978-613-5-57350-3

Copyright © Raúl Romero López
Copyright © 2021 Dodo Books Indian Ocean Ltd., member of the OmniScriptum S.R.L Publishing group

TRAS LA CORTINA DE LA PANDEMIA, PODEMOS DESCUBRIR EL NUEVO ROSTRO DE DIOS.

DEDICATORIA

Quiero dedicar este libro, con todo el cariño que soy capaz, a mi hermano mayor ENRIQUE ROMERO LÓPEZ. En él se concentra la "pura esencia" de la familia ROMERO. Un perfume que nos ha impregnado y se ha derramado sobre nosotros como una bendición de Dios.

Él ha estado siempre muy presente en todos los acontecimientos familiares. Él ha comido el "pan blando y dulce" de los días de fiesta, y el "pan duro y amargo" de los momentos de tristeza y de dolor. Él siempre ha acudido el primero a la cita cuando más lo hemos necesitado.

Excelente hijo para sus padres; esposo maravilloso, cercano y atento para su esposa; siempre sacrificado y enormemente comprensivo para sus hijos; y abuelo entrañable y encantador para sus nietos.

Enrique, toda la familia estamos muy orgullosos de ti. Te queremos, te admiramos y te agradecemos todo lo que has hecho por cada uno de nosotros. ¡Grande y fuerte abrazo!

Tu hermano sacerdote,

RAÚL

INTRODUCCIÓN

En estos momentos, muchos nos hacemos esta pregunta: Y después de la Pandemia, ¿qué? Porque lo peor que nos podría pasar es que "que no pasara nada", que estemos esperando la vacuna para seguir haciendo lo mismo que hacíamos antes. Si después de todo el dolor, angustia y sufrimiento de tantas personas, incluidas principalmente las que han desaparecido, no nos planteáramos unas preguntas; ¿qué nos ha pasado? ¿Por qué? ¿En qué deberíamos cambiar? Si no hiciéramos esto es que seríamos unos insensatos.

Aunque ya pronto casi todos estemos vacunados, ¿seremos tan ingenuos de creer que "estas vacunas" resolverán ya todo? ¿Nos servirá para otras posibles epidemias?. Los virus del futuro, ¿no pueden ser de la misma o peor condición que el "Corona-virus?

Este es un tiempo precioso para pensar e ir sacando alguna conclusión.

1.- La epidemia del "corona virus" ha puesto de manifiesto la VULNERABILIDAD DEL SER HUMANO.

A nivel personal, ya lo sabíamos. Pascal definió muy bien a la persona humana como "una caña pensante". Caña, así de frágil, así de débil, así de quebradiza. "Pensante". Esto hace que esa fragilidad sea más lacerante. Y lo explica muy bien el mismo Pascual: "Los animales mueren, pero no saben que se mueren. Solo los hombres mueren sabiendo que se mueren". Y esto hace que el ser humano tenga mayor sufrimiento. El ruiseñor puede morir cantando y la rosa exhalando su último perfume. El hombre suele morir llorando. En esta pandemia ha habido y hay mucho sufrimiento físico y muchísimo sufrimiento moral.

De esta vulnerabilidad, a nivel personal, somos hoy día más conscientes desde que se ha aceptado con normalidad los "crematorios". La familia entrega el cadáver de un ser querido y recibe "unas cenizas". Estas cenizas me hablan no sólo de lo poco que valgo, de lo poco que tengo, sino de lo poco que soy. El testamento del que fue arzobispo de Cuba, Mons. Jaime Ortega, dice asÍ: "Todo es nada. Sólo Dios".

Lo que caracteriza la "vulnerabilidad" que estamos padeciendo en la pandemia es que esta "vulnerabilidad" se ha globalizado y ha llegado a todos los países, también a los países ricos.

E.E.U.U que gasta en armamentos miles de millones de dólares ha quedado ante el virus tan vulnerable como cualquier país pobre del África o América del Sur. ¡Qué ironía! El País que más gasta en armamentos no ha podido atacar con ningún misil a un "virus minúsculo, invisible".

2.- LA ECOLOGÍA Y LA PANDEMIA.

No hay duda de que una Tierra tan vilmente atacada y devastada favorece las epidemias. La "Casa común" como llama el Papa Francisco a nuestro planeta, se hace inhabitable. Y la tierra no perdona. Y reclama lo que es suyo: Los ríos limpios, los mares no contaminados, los bosques no amenazados por la mano criminal del hombre etc.

Esta casa común no es nuestra, la hemos recibido para que la cuidemos y la conservemos. Dios nos dejó esta hermosa tierra con dos fines: a) para que diera frutos y alimentos para todos y b) para que la pudiéramos contemplar. Por eso una de las personas más queridas en todo el mundo es San Francisco de Asís, un enamorado de la Naturaleza.

El propio Jesús nos hace esta preciosa invitación: "Fijaos cómo crecen los lirios del campo: ni trabajan ni hilan. Y os digo que ni Salomón, en todo su fasto, estaba vestido como uno de ellos". (Mt. 6,29)

¿Todo ya está perdido? Esta es la sensación que da cuando uno ve un cesto llenos de manzanas podridas. Pero no es así. Una mirada profunda nos dice que "aún están sanas las semillas". Los niños, las semillas del futuro, deben crecer y vivir con una nueva mentalidad. Hay que invertir en educación para la "conservación y cuidado de la Naturaleza". Hay que cambiar los hábitos de vida hasta llegar a esa "feliz sobriedad" de la que habla el Papa Francisco en "Laudato sí"

ALGO NUEVO ESTÁ BROTANDO ¿NO LO NOTÁIS? (Is-43,19)

+ Con motivo de la pandemia el hombre ha sacado de sí mismo lo mejor que tiene: su solidaridad, su actitud de servido heroico. Ahí están los sanitarios, los voluntarios, los trasportistas, los cuerpos y fuerzas de

Seguridad del Estado, los sacerdotes, los religiosos y religiosas etc. Muchos de ellos han muerto en actitud de servicio. Según el Papa Francisco son "los santos del vecino de al lado.".

+ Gestos de solidaridad se han dado en cantidad de pueblos y ciudades procurando dar comidas y atención personal a tanta gente necesitada. (Cáritas, Cruz Roja etc).

+ Y tanta gente humilde y sencilla que ha estado pendiente de que no faltara una comida caliente, abrigo y ropa para los más necesitados. Un río de bondad ha atravesado el mundo de una parte a otra.

Esto nos debe hacer cambiar en nuestra manera de ser. El hombre ya no es sólo ese "ser racional" como decía Aristóteles. Es algo más. Es ese "ser relacional" del que nos habla E. Levinás. Tal vez sea el momento de dar más importancia al corazón que a la razón.

LA FE, ¿TIENE ALGO QUE VER EN TODO ESTO?

Sí y mucho. "Las grandes crisis, cuando afectan a cimientos vitales, elevan el alma". (Carmen Guaita). Ante esta situación que nos ha venido a todos de una manera tan imprevista, los ateos, los increyentes, han visto en esto una afirmación para sus teorías. DIOS NO EXISTE. Si existiera se hubiera notado un poco más su presencia. Si no ha evitado el dolor y el sufrimiento de la gente, no es un Dios auténtico.

Lo que pasa es que ahora la cosa se complica más. Antes se podía confiar en el hombre, en la técnica, en nuevos descubrimientos, Pero el CORONA-VIRUS ha desmotado todas las seguridades humanas. Entonces, si no estamos en manos de Dios, ¿en qué manos estamos? Y viene la desesperación. "Quien deposita su dolor sobre una manos más sólidas, las manos de Dios, ve cómo se ensancha el horizonte, y se le alivia el miedo" (Carmen Guaita).

Tal vez sea un buen momento para purificar nuestra fe como creyentes. Algunos han pensado que se trata de un "castigo de Dios". Los que así piensan no han leído el evangelio de Jesús. En aquel tiempo sí se creía que el sufrimiento era castigo del pecado. Pero Jesús, ante el ciego de nacimiento, cuando le preguntan: ¿quién ha pecado: éste o sus padres para que naciera ciego?. dio una respuesta rotunda: "Ni éste ni sus padres". (Jn. 9, 2-3).

Jesús pasó por la vida haciendo el bien y luchando contra todo dolor y sufrimiento en el mundo. Pero no luchó contra el dolor con bonitos sermones sino que "hizo suyo el sufrimiento de toda la humanidad" y murió en una Cruz. Si algo no podemos echar en cara a Dios es que no conoce el dolor. Lo ha experimentado. Asumiendo el dolor de toda la humanidad, se ha convertido en "nuestro hermano".

Tal vez sea más necesario que nunca escuchar a Pascal en una de sus frases célebres: DE DIOS SOLO HABLA BIEN DIOS MISMO Y NADIE MÁS.

Todos, creyentes y no creyentes, debemos ser muy humildes y reconocer que no sabemos hablar de Dios, es más, que no podemos hablar de Él porque somos de otra categoría distinta. Lo dice el mismo Dios a través de su profeta*:" Porque mis planes no son vuestros planes, | vuestros caminos no son mis caminos | —oráculo del Señor—. Cuanto dista el cielo de la tierra, | así distan mis caminos de los vuestros, | y mis planes de vuestros planes" (Is 55, 8-9).*

Lo que nos dice Isaías es que Dios es "distinto y distante" de nosotros. Y San Juan afirmará que "A Dios nadie lo ha visto". (Jn. 1,18). "Descubrir la cercanía de Dios es descubrir la cercanía del Misterio, que por ser tal, nos invita a salir constantemente de lo sabido, lo conocido, lo experimentado hacia la `presencia real de Dios". Ángel Cordovilla). (Ver. Iª Re. 19,9,a-11-13ª)

Sólo Jesucristo, el Hijo de Dios, el que ha vivido desde siempre en el seno del Padre, nos lo puede dar a conocer. (Jn. 1, 18).

DEL DIOS DE LA CIENCIA AL DIOS DE LA EXPERIENCIA..

Nos ha costado mucho a los cristianos aceptar este enunciado. Ya en el siglo XIII, el gran Maestro Eckhart había dicho: "Sólo le pido a Dios que me libre de Dios". Que el Dios verdadero me libre de las falsas imágenes de Dios.

El Papa Benedicto, comienza así su primer discurso programático: "No se comienza a ser cristiano por una decisión ética o una gran idea, sino por el encuentro con un acontecimiento, con una Persona, que da un nuevo horizonte a la vida y, con ello, una orientación decisiva". En su Evangelio, Juan había expresado este acontecimiento con las siguientes palabras: «

Tanto amó Dios al mundo, que entregó a su Hijo único, para que todos los que creen en él tengan vida eterna » (cf. 3, 16). La fe cristiana, poniendo el amor en el centro, ha asumido lo que era el núcleo de la fe de Israel, dándole al mismo tiempo una nueva profundidad y amplitud" (D.C E).

Si "Dios es Amor", el verdadero camino para encontrarnos con Dios es el camino del amor. Los que, a lo largo de la historia, han experimentado a Dios, ésos están capacitados para decirnos algo de Dios, y siempre envueltos en el misterio.

San Agustín

El hombre que experimentó todo en la vida: dinero, sexo, honores, fama etc, siempre se sentía insatisfecho. Hasta que un día se encontró con Dios y expresó así su experiencia:

"Tarde te amé, hermosura tan antigua y siempre nueva, tarde te amé. Y he aquí que tú estabas dentro de mí y yo fuera, y por fuera te buscaba; y deforme como era, me lanzaba sobre estas cosas hermosas que tú creaste. Tú estabas conmigo, mas yo no lo estaba contigo. Reteníanme lejos de ti aquellas cosas que, si no estuviesen en ti, no serian . Llamaste y clamaste, y rompiste mi sordera; brillaste y resplandeciste, y diste fuga a mi ceguera; exhalaste tu perfume y respiré, y suspiro por ti; gusté de ti, y siento hambre y sed, me tocaste, y abraséme en tu paz". (Confesiones)

Memorial de Pascal:

Pascal nos cuenta su experiencia de conversión en su famoso "memorial" que llevará cosido a su chaqueta durante toda su vida. "Año de gracia de 1654, Lunes 23 de noviembre, día de san Clemente, papa y mártir… desde cerca de las diez y media de la noche hasta cerca de la una y media **FUEGO** «Dios de Abraham, Dios de Isaac, Dios de Jacob» [Éxodo 3:6], no de los filósofos y de los eruditos. **Certeza, certeza, gozo, paz. Dios de Jesucristo…**El mundo en el olvido, todo olvidado excepto Dios. [Dios] no se encuentra sino por las vías enseñadas en el Evangelio. Grandeza del alma humana".**Gozo, gozo, gozo [y] llantos de gozo.**

«Esta es la vida eterna, que te conozcan a ti, único verdadero Dios y al que has enviado» [Juan 3: 15-21; 6:29; 14:6; 17:3] **Jesucristo. Jesucristo. Amén.**

Papini. poeta y novelista italiano, se convirtió al catolicismo después de haber sido escéptico. Escribió una historia de Cristo. Y la termina con esta bella oración: "Necesitamos de Ti. De Ti sólo y de nadie más. Tú que nos amas puedes sentir por todos nosotros que sufrimos, la compasión que cada uno siente en relación consigo mismo. Sólo Tú puedes medir qué grande, qué inconmensurablemente grande es la necesidad que hay de Ti en este mundo, en esta hora.

Todos necesitan de Ti; también aquellos que no lo saben, y éstos necesitan bastante más que aquellos que lo saben. El hambriento piensa que debe buscar el pan y, mientras tanto, tiene hambre de Ti. El sediento juzga necesitar agua, mientras siente sed de Ti. El enfermo se ilusiona en desear la salud y su verdadero mal es la ausencia de Ti.

Quien busca la belleza del mundo, sin darse cuenta, te busca a Ti, que eres la belleza plena. El que en sus pensamientos busca la verdad, sin darse cuenta, te desea a Ti, que eres la única verdad digna de ser conocida. El que se esfuerza por conseguir la paz está buscándote a Ti, única paz donde pueden descansar los corazones inquietos. Ellos te llaman sin saber que te llaman, y su grito es, misteriosamente, más doloroso que el nuestro. Te necesitamos. Ven, Señor."

Dostoievski.

Desterrado en Siberia, pudo conocer los evangelios y quedó fascinado por la persona de Jesús. De Él decía: "Este hombre fue lo más excelso de la tierra, la razón por la cual la tierra existe. Todo nuestro planeta con todo lo que contiene, sería una locura sin este hombre. No ha habido ni habrá jamás nada que le sea comparable. He aquí el gran milagro".

HAY ALGO PEOR QUE LA MUERTE: MORIR EN SOLEDAD.

ALGUNOS TESTIMONIOS EN LA PANDEMIA:

La jefa de enfermería del Hospital Vall d'Hebron de Barcelona, Aroa López, ha pronunciado un emotivo y reivindicativo discurso en el homenaje de estado a los fallecidos por la Covid-19 celebrado en el Palacio Real de Madrid el 16 de Julio del 2020.

Aroa ha apuntado que ella y el resto de profesionales han "cubierto las necesidades básicas y emociónales" de miles de pacientes: Hemos sido mensajeros del último adiós para personas mayores que morían escuchando la voz de sus hijos a través del teléfono. Hemos hecho video llamadas, hemos dado la mano, y nos hemos tenido que tragar las lágrimas cuando alguien nos decía 'no me dejes morir solo'".

+ Precioso testimonio también el de aquel hijo que, estando su madre gravemente enferma, y no pudiendo entrar a verla, por la noche escalaba la fachada del edificio –no sin un gran riesgo- y subía a la ventana de la habitación de su madre. Allí, entre cristales, la podía saludar.

+ O de aquella enfermera que, oyendo a una moribunda que le decía: "no me dejes morir sola" le agarró la mano y rezó en sus adentros un Padre Nuestro.

+ Y preciosísimo el testimonio del jefe del Departamento Hospitalario de Madrid, Felipe Monterroso. Llora desconsolado luego de dar una conferencia de prensa en la que aseguró que la ciencia, en estos momentos, es limitada. Y añade: "Hay cosas que solo Dios puede hacer. Sólo les pido a los españoles y al resto de las personas en el mundo que crean, que oren, Este virus es más fuerte que la ciencia, pero no más fuerte que Dios".

La gran tragedia de esta epidemia no ha sido ni siquiera la muerte, sino "la muerte en soledad". Y mi intento, en este trabajo, es demostrar que toda persona, creyente o no creyente, lo sepa o no lo sepa, vive y muere bajo la presencia cariñosa de Dios. "Él es Padre y hace salir el sol sobre buenos y malos y manda la lluvia sobre justos e injustos". (Mt. 5,45).

Ese Dios que es Padre y Madre, no está fuera de nosotros sino dentro de lo más íntimo del corazón. Ninguna persona que lo invoque deja de ser escuchado, deja de ser atendido, deja de ser abrazado.

Qué bonitas y consoladoras las palabras del Papa Francisco:

"Dios te busca, aun cuando tú no lo busques. Dios te ama, aunque tú te hayas olvidado de él. Dios descubre una belleza en ti, aun cuando piensas que has malgastado inútilmente todos tus talentos. Dios es como una madre que jamás deja de amar a su criatura. Por otro lado, hay una 'gestación' que dura para siempre, que va mucho más allá de los nueve meses de gestación física, y que genera un circuito de amor que es infinito. Para un cristiano, rezar es decir simplemente '*Abba*'. Puede suceder que nosotros también caminemos por senderos alejados de Dios, como le sucedió al hijo pródigo; o bien, que caigamos en una soledad que nos haga sentir como abandonados en el mundo; o incluso podemos equivocarnos y quedar paralizados por el sentimiento de culpa. En estos momentos difíciles, podemos encontrar la fuerza al rezar, recomenzando por la palabra 'Abba'. Él no nos esconderá su rostro; Él no se encerrará en el silencio; nos dirá que jamás nos perdió de vista y que siempre ha permanecido allí, fiel a su amor por nosotros". **(Vaticano 16/01/2019, 13.25)**

Las falsos dioses que nos hemos fabricado son lejanos, crueles, se desentienden de nosotros, incluso nos castigan. Pero el Dios revelado por Jesús siempre tiene entrañas de misericordia. Aquellas palabras de Jesús: "Yo nunca estoy solo. El Padre está conmigo" (Jn. 16,32) son palabras que podemos decir todos sus hijos en momentos de soledad. Estamos tan entrañados en Dios que podemos decir con Pablo en el Areópago: "En Dios vivimos, nos movemos y existimos". (Hechos 17,28).

Todos hemos esperado con ansiedad la "vacuna" contra esta pandemia. Pero hay otra vacuna que necesitamos todavía más: la de llegar a comprender que Dios nos ama con corazón de Padre y Madre. "El peligro de contagio a causa de un virus tiene que enseñarnos otro modo de contagio: el contagio del amor, que se transmite de corazón a corazón". (Papa Francisco)

Por eso, ante la pregunta del principio, ¿Y después del corona virus? Yo quiero contestar con esta afirmación que sirve de título al libro:

DESPUÉS DE LA PANDEMIA, UN NUEVO ROSTRO DE DIOS.

Una mesa grande con ***"PAN Y VINO", con "LECHE Y MIEL" EN ABUNDANCIA.***

Aquí no me refiero simplemente a una Mesa grande de Solidaridad y Fraternidad. Eso será la consecuencia. Aquí me refiero a creer en un Dios que es **Padre Y Madre.**

E. Fromm, en su precioso libro "El" arte de amar" nos explica: "Sólo en Dios cabe la realización plena de la doble valencia del amor: el amor incondicional de la madre, sustentado en la inmanencia divina; en la infinita capacidad de acoger y alimentar; de dar fuerza y alegría - leche y miel- de la vida. Y el amor exigente del Padre, sustentado en la trascendencia divina, en el impulso creador, en la apertura ilimitada al crecimiento".

DIOS PADRE.

Comenzamos con unas bellas palabras de un famoso escritor del s. V

"El mismo Dios nos enseña a orar: Padre nuestro. Nos empuja a orar así y nos lo manda. Por eso seguimos la gracia que nos llama, seguimos el amor que nos arrastra, seguimos el cariño que nos invita. Que Dios es nuestro Padre, lo siente nuestro corazón, lo confiesa nuestra alma, lo proclama nuestra lengua. Y todo lo que hay en nosotros corresponde a la gracia y no al temor; porque quien de juez pasó a ser nuestro Padre, quiere ser amado y no quiere ser temido" (Pedro Crisólogo).

La revelación de Dios como Padre es el gran mensaje de Jesús. Para eso ha venido al mundo. Él quiere conducirnos hasta el mismo corazón del Padre y quiere enseñarnos a navegar en ese mar inmenso e infinito de su amor. "La esencia del cristianismo radica en el mensaje de la paternidad divina" (Harnak). Es necesario que los cristianos "conozcamos al Padre", dando al verbo "conocer" su verdadero sentido bíblico: "El que no ama no conoce a Dios" (1 Jn.4,8). Sólo desde el amor se tiene experiencia de Dios. El médico, puede someter al enfermo a un examen de electroencefalograma pero este hecho no le da suficiente capacidad de conocer al enfermo. Mientras que la mamá, que está ahí en la cabecera cuidando a su hijo, ella sí que le conoce. Intentemos llegar al conocimiento del Padre a través del amor de su Hijo.

LA IDEA DE DIOS PADRE EN EL A.T.

Los judíos tienen sus reservas a la hora de llamar "padre" a Dios. Lo hacen pero con cierta timidez. La razón es que los pueblos vecinos proyectaban en la divinidad sus propias visiones materialistas. Creían que Dios - Padre engendraba dioses fecundando a una diosa - madre. En la misma Mesopotamia de donde procede Abrahán, los caldeos y los babilonios tenían como Dios nacional a Marduk. Este, unido a una diosa, engendró dioses y seres humanos para que le sirvieran. Con todo, la palabra "Padre" aplicada a Dios aparece unas catorce veces en el A.T. y siempre relacionada con el Dios - Creador y con el Dios de la Elección.

DIOS PADRE Y LA CREACION

¿No tenemos nosotros un mismo Padre? ¿Un solo Dios que nos ha creado? (Mal.2,10) ¿No es El tu padre y tu creador? (Dt.32,6). Si Dios es el Padre que nos ha creado, esto traerá unas consecuencias:

a} Dios no puede dejar de amar aquello que ha creado. Por eso dirá el libro de la Sabiduría: "Amas todo cuanto existe y nada desprecias de lo que hiciste. Si odiaras una cosa no la habrías creado y ¿cómo existiría algo si Tú no lo quisieras?" (Sab.2,24-25).

Toda la creación está sembrada de semillas de amor. Jesús sabe dar gracias al Padre, Señor del cielo y de la tierra (Mt 11,25) Jesús no se ha encontrado con una naturaleza muerta, sino viva: el sol, la luna, los ríos, los pájaros y las flores, son obra del Padre, creación del. Padre. A través de todas ellas se siente fuertemente atraído, arrastrado hacia el amor. Nadie ha gozado tanto de la naturaleza como Jesús, pues todo lo ha mirado con ojos de amor. El salmo 8 nos habla de las criaturas como "obra de sus dedos". Se trata de una obra "menuda, artesanal", pasada por los dedos de Dios como una filigrana de amor.

b) El hombre tendrá confianza de acudir a Dios en los momentos de angustia. (Isaías, para levantar el ánimo del pueblo que está en el exilio y el templo en ruinas, le dirá: "Tú eres nuestro Padre, nosotros somos arcilla y Tú el alfarero. Somos obra de tus manos" (ls.64,7).

Jesús, en los momentos de su muerte acude al Salmo 21. Siente la lejanía de Dios ... "Dios mío, Dios mío, por qué me has abandonado?" Pero con las mismas palabras del salmo, sabe acudir a Dios con estas conmovedoras palabras:

"Tú me sacaste del vientre de mi madre me pusiste en su regazo; desde antes de nacer, a Ti me confiaron, desde el vientre de mi madre, Tú eres mi

Dios". Aquel que se sentía **abandonado de Dios**, sabía **abandonarse a Dios**, porque se sentía 'suyo" desde su nacimiento.

e) Precisamente porque nos ha creado sabe comprendernos y perdonarnos.

"Él sabe de qué estamos hechos, se acuerda que somos de barro" (SaI.103,). Es como si dijera Dios: "si fueran de hierro o de bronce, caerían y no se romperían pero como son de barro, caen y se rompen. Yo conozco bien el barro de qué están hechos". Por eso, sólo aquel que sabe de qué estamos hechos, nos puede rehacer.

DIOS-PADRE Y LA ELECCION

También el tema de Dios - Padre está unido a la idea de elección. Israel es el primogénito de Dios porque lo ha elegido en medio de todos los pueblos. **"Hijos míos sois para Yavé, vuestro Dios ... Yavé te ha elegido para que seas el pueblo de su propiedad entre todos los pueblos que hay sobre la haz de la tierra" (Dt.14,1-3). "Mandó a Moisés a decirle al Faraón: "Israel es mi hijo, mi primogénito" (Ex 4,22).**

Primogénito podía significar el "primero de los hermanos" pero también servía para expresar el cariño único por uno de los hermanos.

La elección está enraizada en una historia concreta. Es decir, la certeza de que Dios es Padre e Israel es su hijo, no se basa en una mitología como los otros pueblos, sino en la salvación que Israel ha experimentado en la historia por parte de Dios. Una historia maravillosa tejida por el amor. El Deuteronomio lo resume de esta manera:

"Encontró a su pueblo en el desierto, en la soledad rugiente de la desolación. Lo abrazó y se cuidó de él, lo guardó como a las niñas de sus ojos" (Dt. 32,10). Israel es un pueblo mimado de Dios.

Este amor paternal de Dios, a causa de la elección, es totalmente gratuito. Israel no puede alegar mérito alguno.

"Si el Señor se enamoró de vosotros y os eligió, no fue por ser vosotros más numerosos que los demás; porque sois el pueblo más pequeño, sino por puro amor" (Dt.7,7).

DIOS NO HA SIDO CORRESPONDIDO POR EL PUEBLO

Yavé Dios es un Padre no correspondido. Y esto le duele a Dios:

¿Así le pagas a Yavé, pueblo insensato y necio?, ¿No es El tu padre el que te creó, el que te hizo y te fundó? 11 (Dt.32,6).

El pecado frustra los planes de Dios sobre el pueblo:

"Yo me decía: quiero contarte entre mis hijos, regalarte una tierra deliciosa, la herencia más preciosa entre las naciones. Pensaba: me llamarás "Padre mío" y no te separarás más de mí. Pero como una mujer traiciona a su marido, así me has traicionado tú a mí, descendencia de Israel" (Jer.3,19-20).

Aquí se nos presenta una de las consecuencias más graves del pecado: truncar las ilusiones de Dios Padre sobre nosotros.

Dios, misericordioso con el pueblo.

El pecado no destruye la actitud paternal de Dios. El pueblo, tras su infidelidad, vuelve a Dios por la penitencia y Dios responde siempre con su perdón. Es precisamente esta actitud misericordiosa de Dios con su pueblo la que le hace exclamar al profeta:

"¿Qué Dios hay como Tú, que quita la iniquidad? No mantendrá su cólera, pues se complace en el amor" (Miq. 7,18).

La historia de Israel está envuelta en luces y sombras. Pero lo que nunca ha perdido este pueblo es la confianza en su Dios. La razón es ésta: el amor de Dios - Padre está por encima de los pecados e infidelidades del pueblo. Y esto lo saben muy bien los profetas, verdaderos voceros de Dios:

"No temas, no se caigan tus manos, que está en medio de ti Yavé como poderoso Salvador. Se goza en ti con transportes de alegría, te ama con delirio" (Sof.3,16-18).

A MANERA DE RESUMEN

Dios envuelve con su paternal amor toda la historia de Israel. Es una historia llena de maravillas. Un verdadero poema de amor. Y las manifestaciones de este amor paternal de Dios son: "la creación y la elección".

Por eso, este pueblo no podrá perder nunca su memoria histórica:

"Recuerda los tiempos pasados, considera los años de edad en edad. Pregunta a tu padre, que te lo cuente. A tus ancianos, que te lo digan" (Dt.32,7). "¿Ha habido un Dios que haya ido a buscar una nación en medio de tantas pruebas, milagros y prodigios? (Dt.4,34).

DIOS PADRE EN EL NUEVO TESTAMENTO. LA NOVEDAD DE JESUS

Jesús se dirige a Dios llamándole "mi Padre". Esto es totalmente nuevo. Nadie ha mostrado un solo caso en el que una persona individual haya tenido en Israel la osadía de dirigirse a Dios para decirle: padre mío.

Se pregunta San Ireneo: ¿Qué trajo nuestro Señor con su venida?, Dense cuenta de que trajo toda novedad trayéndose a sí mismo" (Ad.her.4,34).

CONTEXTO

Interesa conocer el contexto histórico del pueblo judío en tiempo de Jesús con relación al tema que nos ocupa. A partir del s. 1 antes de Xto, los judíos ya no pronunciaban el nombre propio de Dios: "YAVE", por sentido de respeto y lo habían sustituido por ADONAI. Sólo en el día de la Expiación el YOM KI- PUR, el Sumo Sacerdote, en voz baja y en una nube de incienso, decía: YAVE.

La comunidad de los "esenios" se estaba preparando para la venida del Mesías. Llevaban una vida muy austera. Incluso hacían voto de castidad. Ellos eran los "hijos de la luz", los demás eran "los hijos de las tinieblas". Estos caían bajo el dominio de Satanás y a ellos le dirigían esta terrible oración:

"Maldito seas, **que nadie tenga misericordia de ti, tus obras son tinieblas. Que** seas **condenado a la oscuridad del fuego eterno. Que Dios no se digne mostrarse favorable a tus gritos; que no se perdonen ni permita que se expíen tus pecados. Que eleve sobre ti el rostro de su cólera y de su venganza** y **que no encuentres nunca la paz".**

El mismo evangelio de Mateo nos habla del "Reino de los cielos" y no Reino de Dios, precisamente para evitar pronunciar su nombre. Y es precisamente en este contexto en el que Jesús se dirige a Dios Llamándole:

"mi Padre".Y lo más notable es que, cuando Jesús se dirige a Dios su Padre, usa la palabra aramea "**ABBA**".

La palabra "Abbá" era un sonido balbuciente. Es el libro judío Talmud el que afirma:

"Cuando un niño experimenta el gusto del trigo, -se le desteta- aprende a decir: "Abbá" e Imma" que quiere decir: "papá" y "mamá". Era el lenguaje de los niños. Por eso nunca se utilizaba esta palabra en las oraciones de los judíos. Para una mentalidad judía, había sido irreverente, impensable, e incluso escandaloso, el llamar a Dios con esta familiaridad. Y era algo nuevo e inaudito el que Jesús se atreviera a hablar con Dios como un niño habla con su padre: con esa simplicidad, intimidad y seguridad.

Existe en el libro del Éxodo, una escena sugerente y evocadora. Moisés, que guardaba el rebaño de su suegro Jetró, sacerdote de Madían, contempla "una zarza que arde sin consumirse ... y, en medio de la zarza, una voz que dice: Yo soy el Dios de Abraham, el Dios de Isaac y el Dios de Jacob" (Ex.3,6). Un Dios que arde por dentro en llamaradas de vida, en llamaradas de amor.

En la vida de Cristo hay una palabra que imanta a todas, que resuena en todas, que concentra a todas: es la palabra con la que Jesús nombró aquel fuego: Abbá - Padre. El ha venido a este mundo a traer en persona ese fuego de amor y con él hacer arder nuestra historia. (Lc.12,49).

Nos llama la atención estas palabras de Jesús: "A nadie llaméis padre sobre la tierra" (Mt.23,9). ¿No habrá querido proteger esta palabra y reservaría para el único que puede decirla en plenitud o para aquellos que la pronuncien en su nombre?

"Abbá" más que una palabra es una respuesta, ya que un hijo dice "papá" a aquel que se da a conocer como padre. La iniciativa es del padre. Dios Padre ha pronunciado sobre Jesús estas palabras: "Tú eres mi Hijo. Yo te he engendrado hoy" (Heb.5,5). Dios es Padre porque engendra, hace surgir un Hijo. Dios es el Padre de nuestro Señor Jesucristo (Ro.15,6). Y es el único que llena de felicidad el corazón de este Padre. "Es el Hijo en quien Él se complace" (Mc.1,11).

El Hijo, al oír estas palabras inefables se conmueve, se estremece y queda sobre-cogido ... Al no tener palabras para poder expresar esa vivencia personal, se limita a balbucear un "Abbá - Papá". En esta palabra se concentra todo el misterio del Dios - Amor.

El Padre es el lugar de Jesús, la casa donde El habita (Lc.2,49). "El Hijo se queda en casa para siempre" (Jn.8,35). Por algo decía Jesús que "no tenía casa" (Mt.8,20). Era el Padre el cielo que le cobijaba, la tierra que le sostenía, el aire que respiraba, el pan que le alimentaba y la almohada donde reposaba.

Esta palabra "Padre" no caía de los labios de Jesús. Tanto hablaba de su Padre que uno de sus discípulos le dice: "Enséñanos al Padre y nos basta" (Jn.14,8). A nosotros nos enseñó a hacer lo mismo. La oración que nos dejó Jesús es el espacio privilegiado para llamar y experimentar a Dios como Padre, porque el Hijo encarnándose, transmite su propia experiencia filial. El Padre nos contempla en este Hijo. Y nos ama como "hijos adoptivos" (Ro.8,14-15); (Ef.I,3-14). "Abbá es una palabra que supone una revelación" (Joaquín Jeremías). y es como la punta de un ICEBERG, de una experiencia inefable y única.

LO QUE NOS REVELA LA PALABRA "ABBA".

En el prólogo de San Juan, se nos dice que "El Verbo estaba junto a Dios" (1,1). En griego la frase es más expresiva. "Pros ton zeon"; significa, "volcado junto a Dios", "gravitando sobre Dios". Podríamos decir que el Verbo era atraído con una fuerza irresistible hacia el mismo corazón del Padre. Y el mismo San Juan nos dirá que: "el Hijo único está en el seno del Padre" (Jn.I,18).

Lo propio del Hijo es vivir en el mismo corazón del Padre y allí beber a raudales su amor. Ahora bien, esta experiencia del Hijo de Dios en el corazón del Padre, nos la ha dado a conocer. No se la ha guardado sólo para El. Veamos un texto importante:

"TODO ME HA SIDO ENTREGADO POR MI PADRE Y NADIE CONOCE AL HIJO SINO EL PADRE Y NADIE CONOCE AL PADRE SINO EL HIJO Y AQUEL A QUIEN EL HIJO LO QUIERA REVELAR" (Mt 11, 27).

Todo lo que conoce Jesús del Padre nos lo ha dado a conocer a nosotros. Recordemos que el verbo "conocer" en la Biblia tiene un sentido vivencial. Nadie ha tenido como Jesús una experiencia de amor con relación al Padre (v.4). Y, porque Él la tiene, la puede comunicar ... Y esto es tan grande, tan inmenso, que provoca en Jesús una oración de gozo, un salto de júbilo en el Espíritu. "Yo te alabo, Padre, Señor del cielo y de la tierra" (Lc.I0, 21). Jesús, antes de bendecir a Dios como "Creador del cielo y la tierra", lo bendice como Padre. Lo que motiva a Jesús la acción de gracias es, ante todo, el poder comunicar a los hombres su vivencia inefable y eterna del Padre.

La Constitución de Liturgia del Concilio Vat.ll, al hablar del Oficio Divino, dice estas bellas palabras:

"El Sumo Sacerdote de la nueva y eterna Alianza, Cristo Jesús, al tomar la naturaleza humana, introdujo en este exilio terrestre aquel himno que se canta perpetuamente en las moradas celestiales. El mismo une así a la comunidad entera de los hombres y la asocia al canto de este divino himno de alabanza" (S.C.83).

En esta ocasión Cristo se goza y se emociona al poder instaurar en este exilio "aquel éxtasis de amor" del Padre con el Hijo y el Hijo con el Padre en la unidad del Espíritu Santo.

En el evangelio de Lucas, la oración del Padre Nuestro tiene un contexto bien preciso y que conviene destacar. Dice así: "Jesús estaba orando en cierto lugar. Cuando acabó, uno de los discípulos le dijo: Señor, enséñanos a orar como Juan enseñó a sus discípulos" (Lc, 11,1ss)

Los discípulos de Juan tenían su oración propia, que los distinguía de los otros grupos. Los discípulos de Jesús también quieren tener una oración de grupo. Al rezarla, todos sabrán que son los del grupo de Jesús. Y Jesús satisface esta petición. Lo primero que debe creer un cristiano es en Dios - Padre. Ser cristiano es saberse hijo de Dios, sentirse hijo de Dios, llorar de gozo y de emoción al poder dirigirse a Dios con la ternura y confianza de un niño y decirle: "Abbá", "Papito".

"Padre" es la expresión más acertada de un amor generoso. Bastaría decir: Dios es Amor. Y el amor tiene relación con el amigo, con el hermano, con el bienhechor, con el esposo. Pero la expresión de generosidad, de dador, es "padre". Los otros dan afectos. Los padres dan vida. Dios no quiere que le miremos sólo como nuestro Hacedor, como obra de sus manos, sino como Padre, nacidos de sus entrañas, cuna primera de nuestras vidas.

Una comunidad cristiana no está nunca habitada por el temor, la angustia, la soledad, el miedo ... Al contrario, es una Comunidad que va descubriendo diariamente la paternidad de Dios en un clima de alegría, gozo filial y serenidad ante el Padre. Y es precisamente en esta atmósfera de amor como se realiza la persona.

Dice el Papa San Juan Pablo II: "El hombre no puede vivir sin amor. El hombre permanece para sí un ser incomprensible, su vida está privada de sentido si no se le revela el amor, si no lo experimenta y lo hace propio, si no participa en él vivamente" (R.H.10).

Pero todavía esta introducción que hace el evangelista Lucas al Padre nuestro admite otra interpretación. Dice Romano Guardini: "Cuando Jesús venía de aquel retraimiento en la oración que Él tanto amaba, los discípulos percibieron el sagrado contacto que quedaba en torno a Él y pidieron ser admitidos en esa esfera".

Cuando Jesús oraba en la noche, al día siguiente los discípulos percibían en el rostro de Jesús una irisación de divinidad, un rostro transfigurado, mucho más que el de Moisés al bajar del Monte ... Por otra parte, cuando Jesús después de una noche de oración con el Padre, bajaba a la vida a estar con los hombres, se deshacía en bondad y en ternura. Tenía un encanto, una dulzura especial. Esto provoca en los discípulos una santa envidia y le dicen: métenos también a nosotros en esa zona misteriosa donde te metes Tú. Lo que los discípulos le piden es poder tener esa misma experiencia que Él ha tenido con el Padre.

Y en eso precisamente va a consistir la oración cristiana: en participar de la misma experiencia de Jesús por la fuerza del Espíritu Santo. Jesús nos invita a ser como niños. y el niño se deja querer, se deja obsequiar, se deja regalar por el padre.

Los autores cristianos han percibido que este modo de orar es el más profundo, el más auténtico, el más sublime.

"En el seno de la vida trinitaria el Hijo de Dios está por completo vuelto hacia el Padre, se relaciona totalmente con El. Cuando se encarna para salvar al género humano, su misión de Salvador participa de esa misma relación. El último término de la salvación que trae a los hombres es, tras haberlos arrancado del pecado, transferirlos a Dios, arrastrarlos en aquel movimiento por el cual el Hijo se dirige eternamente al Padre" (Huby).

Otro famoso predicador, Bossuet, en una de sus meditaciones sobre la cena de Jesús, dice: "El Padre amaba a su Hijo. lo producía en su seno, lo abrazaba, lo unía a sí mismo; o mejor dicho, era uno como Él. Mas, ¿para qué recordar siempre tan sublime misterio? Porque es manantial de toda nuestra felicidad ... El manantial de nuestra felicidad es que el Hijo a quien Dios ama y lleva en su seno, antes de que el mundo fuera hecho, desde toda la eternidad, se ha hecho hombre, de modo que formando una cosa con él, Dios ama a esa persona como a su Hijo ...

El Padre eterno no ve en nosotros más que a Jesucristo... Nos abraza a todos como a miembros de su Hijo y derrama sobre nosotros su misma gloria. ¿Qué más se podía desear? El mismo Jesucristo no tendría nada más que poder darnos".

Decía Jesús: "Esta es la vida eterna: que te conozcan a Ti, el único Dios verdadero y al que Tú has enviado, Jesucristo" (Jn. 17,3). La vida eterna, la vida definitiva, comienza ya aquí. Y esta experiencia hace que el cielo se adelante ya en la tierra. Por otra parte, esta experiencia aviva en nosotros el deseo de estar definitivamente con el Señor y así poder llegar al Padre.

S. Ignacio de Antioquía, camino del martirio, se expresaba de esta manera: "Ya no encuentro en mí un fuego que busque alimentarse de materia, sí en cambio, un agua viva que murmura dentro de mí y desde lo íntimo de mi ser me dice: VEN AL PADRE". Este deseo, este anhelo, este grito hacia el Padre sólo lo puede poner en nosotros el Espíritu Santo (Ro.8,15). Sin el Espíritu Santo este clamor se perdería en el vacío. Es el Espíritu Santo el verdadero Maestro de oración.

ACTITUDES DEL VERDADERO DISCIPULO DE JESUS FRENTE AL PADRE

Jesús invita a quitar toda preocupación obsesiva por las cosas de la tierra.

"Mirad las aves del cielo: ni siembran, ni cosechan, ni recogen en graneros. y vuestro Padre celestial las alimenta. ¿No valéis nosotros más que ellas? (Mt.6,26).

Jesús no nos invita aquí a cruzarnos de brazos y *vivir* con flojera. Si Dios nos hizo con brazos y cerebro es para usarlos. Jesús nos dice que si Dios se preocupa de las criaturas ínfimas, no *va* a despreocuparse de nosotros que somos "sus hijos?".

Sigue diciendo Jesús: ¿Quién de vosotros si su hijo le pide pan le da una piedra?, ¿Y si le pide un huevo le da una serpiente?, ¿O si le pide un pez le da un escorpión? Si vosotros, siendo malos, sabéis dar cosas buenas a vuestros hijos ... ¡cuánto más vuestro Padre que está en los cielos dará cosas buenas a los que se las piden! (Mt. 7, 9).

En este sentido son impresionantes las palabras del profeta Habacut. Aunque siente que le va faltando todo, no se inquieta, ni se preocupa ... **iAún le queda Dios!**

"Aunque la higuera no echa yemas y las viñas no tienen fruto; aunque el olivo olvida su aceituna y los campos no dan cosechas; aunque se acaban las ovejas del redil y no quedan vacas en el establo; yo exultaré con el Señor, me gloriaré en Dios, mi Salvador". (Hab.3,17-19).

Al profeta, la seguridad y la confianza no se la dan las cosas. Sólo se la da Dios. Parece decirnos: a mí, con tal de que Dios no me falte, tengo bastante. Dios es su vida. Por eso podrá decir: **"El justo *vive* de fe" (2,4).** Si el profeta, ya en el A.T. ha logrado confiar en Dios de esa manera, ¿cómo no confiar nosotros que estamos en el N.T, en nuestro Padre-Dios, tal y como nos lo ha revelado su propio Hijo Jesús?

Jesús, invita a la contemplación gozosa de la naturaleza.

"Mirad los lirios del campo, cómo crecen! (Mt.6,29).

La Naturaleza es obra del Padre, obra de su amor. Y hay que saber mirarla con ojos apasionados. ¿Cómo crecen los lirios?, ¿Acaso tirando de ellos?, ¿Acaso bajo la vigilancia del hombre? Crecen solos. bajo la mirada del Padre que envía sobre ellos la caricia del sol, el aire y. la lluvia.

La Naturaleza debe servir para expresar el amor de Dios a su criatura: "Como se alzan los cielos por encima de la tierra, así de grande es su amor" (Sal.103).

Tengamos en cuenta que esta imagen le ha servido al profeta Isaías para marcar distancias. Dios es el Otro, el distante, el distinto, el trascendente: "Como se alza el cielo por encima de la tierra, así se elevan mis caminos sobre vuestros caminos y mis pensamientos sobre los vuestros" (ls. 55, 9).

El salmo 103 nos dice que esas distancias cósmicas, infinitas, no asustan ni dan miedo porque están penetradas de amor. Sólo sirven para expresar mejor el amor: "Así de grande es su amor". Tan grande que no se puede abarcar.

Cuando Jesús nos habla de un Padre que:

"envía la lluvia" (Mt.5,45).

"hace salir el sol" (Mt.5,45)

"viste los lirios del campo" (Mt.6,28)

"Alimenta a los pajarillos" (Mt.6,26) ... nos está diciendo que la paternidad de Dios se extiende a todas las criaturas y que, mediante éstas, manifiesta su amor a los hombres, sus hijos. Toda la creación es signo de su presencia amorosa.

El Padre nos invita al perdón.

"Amad a vuestros enemigos y rogad por los que os persiguen; para que seáis hijos de vuestro Padre celestial que hace salir el sol sobre buenos y malos y manda la lluvia sobre justos é injustos" (Mt.5,45).

Es interesante descubrir el motivo por el cual hay que perdonar: "para parecernos a nuestro Padre, para tener sus huellas y sus rasgos en nosotros". Cuando nosotros perdonamos a nuestros enemigos nos parecemos más a Él. ¡Y eso, en definitiva, es lo que importa!.

En el evangelista Lucas, hay una palabra por la que tiene una preferencia: **"todo"**.

"Vende **todo** lo que tienes" (Lc.18,23).

"Da **todo** lo que te pidan" (Lc.6,30).

"Lo dejó **todo**"(Lc.5,28).

"Perdona a **todo deudor**" (Lc.11,4).

Mateo pondrá una frase también bonita: "perdonar de corazón" (Mt.18,35).
¿Por qué Jesús nos exige tanto?

Jesús nos invita a un abandono total en el Padre.

Ese Padre que de tal manera nos ha amado, que "ha entregado a su propio Hijo por nosotros'{Jn.3,16). está a favor nuestro y "nada en el cielo o en la tierra podrá ir ya en contra de nosotros" (Ro.8,38).

Paul Tillich, ha estudiado las expresiones de "lo alto y lo profundo". Dice que aluden a aquellas fuerzas incontrolables: sean cósmicas, sociales y subconscientes, que nos sobrepasan pero que no pueden llegar a ese núcleo último que es el amor de Dios que constituye nuestra esencia y nos da una seguridad que no puede ser quebrantada con nada. (Tillich, Se conmueven los cimientos de la tierra, Barcelona 1968).

A Jesús no le gusta que estemos preocupados por el futuro. "A cada día le bastan sus propios problemas" (Mt.5,34). Para Jesús, el futuro no es "algo". El futuro es "Alguien". El futuro es Dios nuestro Padre.

En cierta ocasión, preguntaron a Jesús por "el día y la hora" en que vendría el final. Jesús dijo que no sabía, que "eso era asunto del Padre" (Mc.13,32).

Jesús se limita a decir: Después de la muerte habrá un Padre y ese Padre está al tanto de todo. Para Jesús, morir es ser sorprendido por el amor del Padre, como fue sorprendido el hijo menor de la parábola. Dios es lo que el hombre no puede imaginar ni sospechar.

DIOS ES PADRE CON TODO UN LUJO DE DETALLES

*** El padre besa. Y Dios nos besa.**

"El Padre lo vio y se lo comió a besos"(Lc.15,20). Aquel hijo volvía al Padre desde el miedo, desde la desconfianza. Ya se había quedado solo en la calle, abandonado por todos. No tenía ningún derecho, ni podía ya pretender ser tratado como hijo. Sólo le va a pedir al Padre un puesto en la casa, al lado de los criados. Pero el Padre, al verlo, se enternece **y le besa efusivamente**.

*** El padre abraza. Y Dios nos abraza.**

"Abrazaba a los niños y los bendecía poniendo las manos sobre ellos" (Mc.10,16). Y para que no creamos que eso lo hacía "sólo con los niños", en un versículo anterior nos dice: " Si no os hacéis como niños no podéis entrar en el reino de los cielos" (Mc.10,15).

Caer en brazos de Dios es lo mismo que descansar en Dios. En realidad, sólo descansamos cuando estamos con las personas que amamos: el niño descansa con sus papás, el amigo con su amigo, el esposo con su esposa. Y el hombre sólo puede descansar con su Dios.

"Nos hiciste, Señor, para Ti y nuestro corazón anda inquieto mientras no descansa en Ti" (S. Agustín).

*** El padre pone al hijo sobre sus hombros y lo pasea con orgullo.**

"Cuando el buen pastor encuentra a la oveja, la pone sobre sus hombros, muy contento"(Lc.15,5). Un padre goza llevando a su pequeño hijo a horcajadas y siente orgullo de poder pasearlo por las calles. Por otra parte, el padre se llena de emoción cuando ese hijo suyo le dice "papá".

Cuando nosotros hablamos con nuestro Padre - Dios, sólo pensamos en lo que El significa para nosotros y no en lo que nosotros significamos para El. Debemos dejar a Dios que goce, que disfrute con nosotros. Debemos dejarnos querer por El. Cuando Jesús llamaba a Dios "Abbá" el corazón del Padre se enternecía. Y Dios quiere que nosotros hagamos lo mismo. Cuando nosotros vamos a la oración, ¿acaso pensamos en hacerle pasar a Dios un buen rato?

*** El padre sufre cuando se ve precisado a corregirnos.**

Eso mismo le ocurre a Dios: "¿No es Efraín mi hijo predilecto, mi niño mimado? Pero, cuantas veces trato de amenazarle, me enternece su memoria, se conmueven mis entrañas y no puedo por menos de compadecerme de él, "palabra de Yavé" (Jer.31,20).

El Padre, después de haberle corregido, vuelve al hijo con un amor más fuerte: "Por una hora, por un momento, te abandoné pero en mi gran amor vuelvo a Ilamarte ... Por un momento oculté de mí tu rostro pero en mi eterna misericordia me apiadé de ti" (ls 54,7-9).

Reacción de la primitiva comunidad cristiana ante esta fantástica revelación del Padre, hecha por Jesús.

* Cuando Pablo en Gal. 4,,6 y Ro.8,15, exclama lleno de júbilo que los cristianos podemos llamar a Dios "Abbá", todavía no se ha repuesto del asombro que provoca el uso de esta palabra en él. Sube del corazón con la fuerza irresistible de un grito. Por eso, al comienzo del himno a los efesios, Pablo cae de bruces y con el corazón estremecido y los ojos arrasados en lágrimas, exclama: "Bendito sea Dios, Padre de nuestro Señor Jesucristo" (Ef.1,3).

* El apóstol Juan está escribiendo sobre la maravilla de la filiación divina, pero de pronto se levanta, tira la pluma, hinca sus rodillas y en medio del asombro exclama: "Mirad qué amor nos ha tenido el Padre que ha querido que seamos hijos suyos" **!Y lo somos! (1 Jn.3,1).**

En un primer momento esta gran verdad era objeto de un razonamiento. Después esta misma verdad se ha ido adueñando del corazón hasta desbordarle. San Juan nos parece decir a nosotros: Dejad que esta verdad baje de la cabeza al corazón, hasta que los desborde de emoción. No es una verdad para ser sabida, sino para ser vivida.

* Como esta palabra "Abbá" era propia de Jesús y "estaba ligada en el recuerdo de los discípulos a su asombro frente a una cosa inaudita" (H. van Bussche), las comunidades cristianas, incluso las de lengua griega, conservaron esta invocación en su original arameo. "El Espíritu Santo grita en nosotros "Abbá" (Gal. 4,6)

Se dice que toda traducción es una traición. Las comunidades cristianas primitivas no quisieron traicionar la palabra más rica y más sagrada que brotó de los labios de Jesús. Por eso ha llegado hasta nosotros tal y como fue pronunciada por el Maestro, en arameo.

Lo que no nos ha llegado es la admiración, la ternura, el gozo indecible que esa palabra suscitó en los cristianos. Todo eso es obra del Espíritu Santo. Y nosotros, al pronunciarla hoy, debemos quedar "sobre - cogidos", es decir, cogidos por alto, por la fuerza del Espíritu.

Escuchemos unas palabras de un gran biblista de nuestro tiempo, el jesuita P. Sheifler:

"El amor no es un atributo más en Dios, como la Justicia o la Sabiduría. Todos los atributos de Dios lo son del amor, que es Dios mismo. Es el amor de Dios el que es todopoderoso, justo y sabio. Cuando uno se sale de la esfera del amor y se entra en otras, por ejemplo del derecho; cuando se piensa que el amor es una cosa en Dios, o un aspecto de Dios y no Dios mismo, se constituye un ídolo".

Un Maestro espiritual hablaba de Dios a sus discípulos. Uno de ellos le pregunta: "Si Dios es indecible ¿por qué hablas tanto de Él? El gran Gurú responde: ¿Acaso el pájaro puede dejar de cantar? Bonita respuesta. Cuando se trata de Dios, más que "contar" hay que "cantar". Cuando "contamos" cosas de Él lo reducimos a conceptos y definiciones. Cuando "cantamos" sobre Él, queremos expresar con nuestros sentimientos aquello que no podemos decir con nuestras palabras. Cantar con un balbuceo de niños "Abbá" es la oración más sublime que podemos hacer a nuestro Dios.

Quisiera aludir a unas palabras de Henri J.M. Nowwen, en una de sus meditaciones sobre el cuadro de Rembrandt: "Ahora tengo una vocación nueva: la de hablar y escribir desde ese lugar profundo. Tengo que arrodillarme ante el Padre, apoyar mi oído en su pecho y escuchar sin interrupción los latidos de su corazón. Y decir lo que oigo. Ahora sé que tengo que hablar desde la eternidad al tiempo; desde la alegría duradera a las realidades pasajeras; desde la morada del amor a las moradas del miedo; desde la casa de Dios a las casas de los hombres". Todos los cristianos que hemos reflexionado sobre Dios - Padre, tenemos una bonita misión en el mundo: Mirar al mundo y a las gentes con ojos de cercanía, con ojos de ternura, con los mismos ojos de Dios nuestro Padre.

DIOS TAMBIEN ES MADRE.

El Papa Juan Pablo I, el día 1 de Septiembre de 1978, salió a la ventana del Palacio que da a la Plaza de San Pedro y con una cara sonriente, dijo con toda sencillez: "Dios es Padre, pero sobre todo, es Madre".

Juan Pablo I sólo ocupó la silla pontificia durante 33 días, pero tuvo tiempo para dos cosas importantes: sonreír, (se le llamó el Papa de la sonrisa), y gritar al mundo que Dios es "Madre". Tal vez era eso lo que este mundo más necesitaba: "sonrisas y ternura".

Dios es Padre y Madre a la vez. Existe antes de la división de sexos en masculino y femenino. Si sólo denominamos a Dios como "Padre" perdemos uno de los aspectos más bonitos de Dios: su ternura. Por eso es necesario hablar también de Dios como "Madre".

El teólogo español Torres Queiruga, en su precioso libro: "Creo en Dios Padre" acota en su introducción estas palabras: "Al hablar de Dios - Padre, somos conscientes de la enorme e injusta simplificación. Deberíamos hablar de Dios - Madre, aunque sólo fuera como compensación al largo silencio histórico" .

M.A Farley, teóloga de la Universidad Americana de Yala, dice: "No hay ninguna necesidad de que permanezcamos dentro del límite de la imagen según la cual sólo el principio masculino es generativo, ya que se ha hecho evidente en nuestros días que el principio femenino es igualmente generativo. En otras palabras, no hay ninguna razón que nos impida llamar "Madre" a la primera persona de la Santísima Trinidad ... Ninguna imagen es suficiente ... pero la una como la otra son igualmente apropiadas. Quizás las dos - Padre y Madre- nos proporcionen toda la fuerza imaginativa para traducir perfectamente el Misterio de Dios".

Abundando en esta misma idea, afirma: "Cuando a Dios le llamamos Padre no se está diciendo "varón" ni se está, por ello, negando su maternidad. Se está afirmando que en el origen y en el fundamento y meta de la realidad, hay un Infinito todo poderoso y amante".

Dice el Papa Francisco: «Este es el amor de Dios, como el de la madre: Dios no se olvida de nosotros, nunca, no puede, es fiel a su alianza». Ciertamente, añadió, «esto nos da seguridad» tanto que «de nosotros podemos decir “pero, mi vida es muy fea, estoy en esta dificultad, soy un pecador, una pecadora”». Pero «Él no se olvida de ti, porque tiene este amor visceral y es padre y madre: eso es todo» «Yo no quisiera añadir ninguna cosa, es muy claro esto» concluyó el Papa. Y exhortó, «empezamos la semana así: Él es fiel, Él me conoce, Él me ama, nunca me dejará solo, me lleva de la mano; ¿qué puedo querer? ¿Qué más? ¿Qué debo hacer? Exulta en esperanza, exulta en la esperanza, porque el Señor te ama como padre y como madre».(22-marzo-2018)-

IDEA DE DIOS· MADRE EN EL ANTIGUO TESTAMENTO

El A.T. evitó llamar "Madre" a Dios para no imitar a los ritos paganos de los pueblos circunvecinos donde se hablaba de "diosas - madres" y ritos de fecundidad. Los judíos, a diferencia de otras religiones, no proyectarán en Dios las tendencias y satisfacciones sexuales del matrimonio. No podían adorar a un Dios - Padre desposado con una Diosa - Madre a quien fecundaba y le daba hijos.

Pero el A.T. sí que aceptó todo el rico simbolismo que encierra la imagen de la madre para hablar del cariño y la ternura de Dios. Rescatar esas imágenes y explicarlas será objeto de nuestra reflexión. De esta manera podremos adentrarnos en el misterio fundamental de Dios: su amor infinito.

"La tierra era soledad y caos, y las tinieblas cubrían el abismo; y el espíritu de Dios aleteaba sobre las aguas" (Gn. 1,2).

El aletear del espíritu en el primer momento de la creación evoca el revolotear de un ave. Ruah es el aliento que, salido de la entraña de Dios, vivifica las entrañas del hombre. Por ese aliento maternal de Dios, entra el hombre en la vida: "Sopló en su nariz y el hombre se hizo un ser vivo" (Gn. 2,7) .

La creación es una acción permanente. Sin ese soplo materno de Dios, dejaríamos de existir. "Si El retirara su aliento el hombre iría al polvo" (Job.34,14).

El aliento divino puede vivificar porque sale del seno desbordante de la plenitud vital de Dios. No como necesidad del que busca algo para sí, sino como generosidad de quien lo regala todo desde sí. La conservación es como una creación continuada. Por eso, alguien ha podido decir: "Si Dios pudiera dormir, despertaría sin cosas".

Yo estoy constantemente naciendo del seno materno de Dios. Dios es mi cuna. Dios es mi nido y ahí debo sentirme feliz. "Como el águila que incita a su nidada revoloteando sobre sus polluelos, así desplegó El sus alas, los tomó y los llevó sobre sus plumas" (Dt.32,2).

Dios es como esa madre solícita y cariñosa que arropa y protege al niño con cuidado desmedido, con exquisito mimo: ¿"No es El quien te hizo y te ha envuelto en pañales"? (Dt.32,6).

DIOS MANDA A MOISÉS LLEVAR AL PUEBLO EN BRAZOS

Hay momentos en la vida de Moisés en el que le cansa la misión de conducir al pueblo. Le pesa el pueblo y se cansa de él. Entonces protesta contra Dios y le dice que no es su padre para tener que soportarlo. Pero es entonces cuando aparece el sentido maternal de Dios animando a Moisés: "¿Acaso he concebido yo a este pueblo, lo he dado a luz para que me digas: llévalo en tu regazo, como lleva la nodriza al niño a quien da de mamar ... ? (Num.11,12).

En realidad, este pueblo no es de Moisés sino de Dios. Él es su Padre y su Madre. Moisés sólo hace de nodriza.

PALABRAS "CLAVE" EN EL ANTIGUO TESTAMENTO

Hay palabras que atraviesan todo el A.T. y que son "clave" para captar el amor desbordante de Dios:

HESED = BONDAD. "Con amor eterno te amé" (Jer.31,3).

EMET = SOlIDEZ, SEGURIDAD, FIDELIDAD. "Doy gracias a tu nombre por tu fidelidad" (Salmo.38,2).

Tal vez la mejor definición de Dios es la que el mismo Dios le da a Moisés: "Dios clemente y misericordioso, lleno de lealtad y fidelidad". (Ex.34,6).

RAHAMIM, de la raíz "rehem" = SENO MATERNO. De esta raíz brotarán las frases más maravillosas y tiernas de la Biblia.

"Sión decía: El Señor me ha abandonado, se ha olvidado de mí. ¿Puede acaso una madre olvidarse del niño que lleva en sus entrañas? Pues, aunque ella se olvidara, yo no me olvidaría de ti. Mira, te llevo grabado en las palmas de mis manos" (ls.49,15-16).

Estamos tatuados en las manos de Dios. Es más, estamos "entrañados" en El. Y si una madre no puede olvidar al niño que lleva en sus entrañas durante nueve meses ¿cómo nos va a olvidar Aquel que nos lleva en sus entrañas desde toda la eternidad? (Jer.31 ,3).

El hecho de haber llevado al hijo en su vientre, da a las madres un derecho natural para exigir al hijo, incluso lo más costoso. En el martirio de los macabeos, después de la muerte de los hermanos mayores, la madre quiere convencer al más pequeño para que no renuncie a su fe. El argumento de esta madre fue éste: "hijo mío, ten compasión de mí que te llevé nueve meses en mi seno y te he amamantado durante tres años ... te pido que mires al cielo y a la tierra y reconozcas que Dios lo hizo todo de la nada" (2 Mac.7,27- 28).

Ese mismo argumento lo usa Dios cuando quiere convencer a su pueblo para que le obedezca:

"Escuchadme, casa de Jacob, y todo el resto de Israel, que habéis sido llevados por Mí desde el vientre, sostenidos desde el seno materno" (ls.46,3). !Escuchadme! ... Dios tiene derecho a que le escuchemos, le hagamos caso, le obedezcamos. ¿A qué argumentos acude?, ¿A su poder?, ¿A su sabiduría?, ¡No!. A su amor de Madre: "nos ha llevado en su vientre, nos ha sostenido dándonos su amor entrañable desde el seno materno" (Os.11,I-4).

El profeta Oseas ha descrito la relación de Dios con su pueblo en clave nupcial. Dios es el esposo e Israel es la esposa. Pero, en este capítulo, la relación de Dios con el pueblo la presenta bajo el signo del amor paternal. Israel es un niño y Dios es el Padre. Pero las imágenes que usa son tan tiernas, tan emotivas, que se pueden aplicar mejor a Dios como Madre. Algunos autores quieren ver en este capítulo la revelación cumbre del amor de Dios en el A.T.

Dios ha sido como una madre cariñosa que ha llevado a Israel en brazos, le ha cuidado, le ha enseñado a comer, le ha enseñado a caminar. Le ha alzado para besarlo y se ha inclinado para darle de mamar. **Estas imágenes nos hablan más de una madre que de un padre.**

"Cuando Israel era niño yo le amaba y de Egipto llamé a mi hijo ... Yo enseñaba a Israel a caminar, lo llevaba en brazos. Con cuerdas de cariño los traía, con lazos de amor; fui para con él como quien alza un niño sobre su propio cuello y se inclina hacia él para darle de comer". (Os.11,1-5)

En contraposición a esas cuerdas que se usan para los objetos o los animales, las cuerdas de Dios son cuerdas de cariño. Israel vive unido a su Dios como por un "cordón umbilical". Dios ha llevado a Israel como una madre que lleva en su regazo a un lactante que, cuando termina de mamar, lo coloca bajo sus rodillas:

"Sus lactantes serán llevados en brazos y acariciados bajo sus rodillas" (ls.66,12). El salmo 131 abunda en esta misma idea. Dice el texto: "Yo acallo y modero mis deseos como un niño en brazos de su madre" (v.2). En realidad, el texto original tiene más fuerza. Dice: "como un niño después de mamar". El niño, antes de mamar llora y se agita por el hambre. Mientras está mamando siente ansiedad hasta que se llena el estómago. Sólo después de mamar se siente feliz, en intimidad y reposo. Nosotros somos como esos niños felices y satisfechos, envueltos en la ternura de Dios como Madre.

El salmo 21 nos habla del justo injustamente perseguido. Es el salmo que recitó Jesús cuando estaba en la Cruz. Siente el abandono de Dios: "Dios mío, Dios mío, porqué me has abandonado? El salmista se ve, no como un hombre, sino como un gusano. Dentro de esa oscuridad el salmista va a encontrar la luz evocando su propia historia personal, tejida de ternura y de cariño. Recuerda su nacimiento: "Tú me sacaste del vientre ... desde el seno pasé a tus manos. Desde el vientre Tú eres mi Dios" (v.lI).

Evoca los gestos maternales de Dios: Yo no salí del vientre, sino que "Tú me sacaste" como una comadrona. Pasé a tus manos y allí me acunaste. Yo soy tuyo de nacimiento. ¿Acaso me puedes abandonar? La segunda parte del salmo expresa la alegría de haber sido escuchado. El que había sido abandonado de Dios, ahora se siente abandonado en Dios.

En la Biblia, a veces, se habla de la vocación tanto a nivel individual como a nivel de pueblo. y se dice que esa vocación se da "desde el vientre de la madre".

"Antes de formarte en el vientre te conocí, antes de que salieras del seno, te consagré" (Jer.1,5) "Porque el Señor me ha llamado desde el vientre de mi madre. Desde el seno ha pronunciado mi nombre ... y me dijo: tú eres mi siervo Israel" (ls.49,1-3).

Naturalmente que aquí no se habla de un comienzo meramente cronológico de la vocación. El seno materno es el taller donde Dios - Madre trabaja al profeta con inmenso cariño, con exquisito amor. Desde el seno materno Dios nos sueña. En este sentido son impresionantes las palabras del salmo 138: "Tú has creado mis entrañas, me has tejido en el seno materno. Cuando en lo oculto, me iba formando, y entretejiendo en lo profundo de la tierra, tus ojos veían mis acciones, se escribían todas en tu libro" (Sal. 138, 13-16).

Todo lo que ocurre en el vientre materno no es obra de meras fuerzas naturales. Hay Alguien que, con infinito amor, nos ha ido tejiendo, nos ha ido conformando. Es el gran obrero en el misterio de la maternidad. En el seno materno se refleja la fecundidad de la tierra madre. y toda fecundidad humana es, al mismo tiempo, reflejo de la fecundidad de Dios.

Desde el seno materno, Dios va preparando el libro donde se va a escribir la historia de cada uno. Cuando esa historia se vaya realizando y nos encontremos con especiales problemas y dificultades, siempre podremos acudir con confianza a Aquel que ha estado con nosotros desde el comienzo de nuestra existencia.

El profeta Natán nos habla de **"un hombre que tenía una oveja que comía de su pan, bebía de su copa y dormía en su seno" (2 Sam.12,1-3)**. Si en lugar del hombre ponemos a Dios y en lugar de la oveja nos ponemos cada uno de nosotros, tendremos descrita nuestra propia historia: la tuya, la mía, la de todos. Es una bonita historia de amor. Dios, como buena Madre, nos da a comer de su pan, a beber de su copa y nos acoge en su regazo. Lo lógico, lo normal hubiera sido que este pueblo acunado en el amor, enseñado en la escuela del amor maternal de Dios, hubiera dado una respuesta gozosa y entusiasta de amor. Pero no fue así. Es el mismo Dios el que se queja: "Desde Egipto llamé a mi hijo pero cuanto más le llamaba, más se alejaba de Mí" (Os.11,1-2).

¿Qué hace Dios ante esta absurda e incomprensible situación? Cuando una madre se siente injustamente abandonada por el hijo, en su impotencia, calla, llora en silencio y suspira. Oigamos al profeta Isaías: "He estado en silencio por mucho tiempo, me he callado, me he contenido; ahora gimo como mujer en parto, suspiro y jadeo" (ls. 42,14).

El silencio de una madre gestante tiene un tiempo. Pero llega su hora y grita y se retuerce para dar una nueva vida.

Después del pecado de su pueblo, Dios ha guardado un tiempo de silencio pero ha sido un silencio fecundo. Ha sido un tiempo en el que no se ha acumulado la ira ni el deseo de castigo y de venganza, sino que ese sufrimiento callado por parte de Dios, ha servido para dar a Israel una nueva vida. "¿Cómo voy a abandonarte, Efraín. Cómo voy a traicionarte Israel? .. Me da un vuelco el corazón y todas mis entrañas se enternecen" (Os.11,8).

En el perdón conocemos mejor el corazón de Dios. Si el pecado es un "misterio de iniquidad", el perdón de Dios es un "misterio de bondad". Por la sima profunda que ha abierto el pecado en nosotros, podemos asomarnos al fondo infinito de su misericordia.

En este contexto, debemos entender unas hermosas palabras del Papa San Juan Pablo II en las que nos habla del perdón de Dios como consecuencia de su amor maternal. "Rahamín, ya en su raíz, denota el amor de la madre (rehem - regazo materno). Desde el vínculo más profundo y originario; mejor, desde la unidad que liga a la madre con el niño, brota una relación particular con él, un amor particular. Se puede decir que este amor es totalmente gratuito, no fruto de mérito, y que bajo este aspecto constituye una necesidad interior: es una exigencia del corazón. Sobre este trastorno psicológico, "rahamín" engendra una escala de sentimientos, entre los que están la bondad y la ternura, la paciencia y la comprensión. Es decir, la disposición a perdonar". (San Juan Pablo II, Dives in misericordia).

Leer Ez.16,4-13.

Es la historia del pueblo. Es mi propia historia. Y en esa historia un Dios con rasgos maternales:

*** Te lavé con agua.**

*** te limpié tu sangre.**

*** te ungí con óleo.**

*** te calcé con zapatos de cuero fino.**

*** te cení de lino.**

*** te cubrí de seda.**

*** te adorné con joyas.**

*** puse brazaletes en tus muñecas y un collar en tu cuello.**

*** puse pendientes en tus orejas.**

*** y una espléndida corona en tu cabeza.**

La historia de Israel, nuestra propia historia, está hecha de detalles y delicadezas. Está hecha de derroche. Dios ha despilfarrado su amor entre nosotros en su calidad de Padre y Madre.

DIOS MADRE EN EL NUEVO TESTAMENTO

JESUS, REVELADOR DE DIOS

Jesús ha venido al mundo para revelarnos a Dios. En el Antiguo Testamento, a pesar de todas las manifestaciones y signos de bondad, el rostro auténtico de Dios estaba todavía "velado" ya que "Sólo Cristo es el que descorre el velo" (2 Cor.3,14).

Como Dios es Padre y Madre al mismo tiempo, Jesús nos revela el rostro paterno y materno de Dios. Y esto lo hace principalmente a través de sus palabras, sus parábolas de la misericordia y sus encuentros con las madres.

JESUS REVELA EL ROSTRO MATERNO DE DIOS A TRAVES DE SUS PALABRAS

Decía .Jesús: **"Yo estoy en el Padre" (Jn.14,11).**

San Juan se encargará de decimos el modo como está Jesús en el Padre: **"como en su seno"(Jn.l, 18).** Ahí tiene Jesús su casa, su nido y su cuna. Y este lenguaje se aplica mejor a la madre.

En el concilio de Toledo, en el s.VII, se nos había dicho: "Porque ha de creerse que el mismo Hijo fue engendrado y nació, no de la nada ni de ninguna otra sustancia, sino del seno del Padre, es decir, de su sustancia" (Con.Tol. DS 276). Y, porque Jesús está siempre bebiendo el amor del mismo seno del Padre, nos invita a nosotros a beber el agua viva: "Si alguno tiene sed que venga a Mí, y bebe el que cree en Mí. De su seno correrán ríos de agua viva"(Jn.7,37-39).

Beber' de esa agua es para nosotros la fuente de la felicidad. "Sólo son realmente dichosos los que son amamantados de ese seno" (Clemente de Alejandría).

El costado abierto de Cristo en la Cruz es la puerta por donde podemos entrar en el mismo corazón de Dios que es Padre y Madre. En Cristo, Dios nos "entraña" con El.

"El Padre cobija a los desgraciados en sus entrañas y los hace miembros suyos. No nos puede unir a Él con más fuerza, no nos puede dar más intimidad que incorporándonos a sí mismo". (Guerric de Igny).

Decía Jesús: "Jerusalén, Jerusalén ... !Cuántas veces he querido reunir a tus hijos como la gallina reúne a sus polluelos bajo sus alas"(Mt.23,37).

Jesús recoge aquí una imagen muy entrañable en el A.T. Dios se presenta como un ave que cobija, que da calor, que protege. Imágenes todas ellas muy maternales. Jesús se siente como madre. Una madre que recoge todas las experiencias de amor y de ternura de Dios en el A.T.

Decía Jesús: "La mujer cuando está de parto, se siente angustiada porque ha llegado su hora; pero cuando ya ha dado a luz al niño, no se acuerda más de la angustia por la alegría de haber dado un hombre al mundo" (Jn, 16,21). Jesús, para hablar de "su hora", de los dolores y sufrimientos de su pasión y muerte tiene en cuenta una imagen maternal: la del alumbramiento.

A medida que Jesús ve de cerca su muerte, se siente más tierno, más maternal. Y es precisamente en ese momento solemne y sublime cuando quiere revelar el rostro materno de Dios al decir: "Hijitos míos, qué poco me queda ya de estar con vosotros" (13,33).

Sabemos que en arameo, lengua que habló Jesús, no existen diminutivos. Pero allí hay un testigo presencial de los hechos, Juan, el discípulo amado, el que descansó su cabeza sobre el pecho de Jesús. El no sólo ha captado sus palabras sino sus sentimientos, su emoción, "el tono en que esas palabras han sido dichas". Y para ser fiel se ha visto precisado a poner la frase en diminutivo, cuando se ha traducido al griego. Jesús al morir, se ha revestido de entrañas de madre. y como buena madre, se ha marchado dando ánimo y esperanza. Después del sufrimiento y la muerte vendrá la alegría de la nueva vida. Jesús nos invita a poner nuestra vida en manos de Dios, a confiar en Él, a tener el coraje de creer, a saber abandonarnos en Dios Padre y Madre conscientes de que: "siempre hay futuros de esperanza en el útero eterno" (Rubén Darío).

Unamuno fue un hombre atormentado por la fe. El la vivió como una auténtica lucha. El escribió la "agonía del cristianismo". Al final, él mismo inventó el epitafio que quiso poner en su sepultura:

“Oh Padre Eterno/ acógeme en tu seno / misterioso hogar / pues vengo deshecho /del duro bregar/"

Pero quizás nadie, como San Juan de la Cruz, ha sabido captar con tanta belleza y ternura ese momento en que uno se va desprendiendo de sí mismo para entregarse en los brazos maternos de Dios.

"Quédeme y olvídeme el rostro recliné sobre el Amado; cesó todo y déjeme, dejando mi cuidado entre las azucenas olvidado"

El rostro materno de Dios revelado en las parábolas de misericordia

Es interesante descubrir el sentido profundo de estas parábolas tomando como base la introducción del propio evangelista. Dice así: Los publicanos y los pecadores se acercaban para oirlo. Y los fariseos y los maestros de la ley lo criticaban: "Este acoge a los pecadores y come con ellos". Entonces propone las parábolas" (Lc.15,1-41)

Los fariseos y los escribas tienen un concepto de Dios totalmente equivocado: un Dios que debe rechazar a los pecadores. Y Dios a través de Jesús, debe cambiarles esta mentalidad. Y esta labor Jesús la va a realizar a través de estas parábolas.

Dios es como "una madre" que acoge a sus hijos, sobre todo, a los que más lo necesitan.

En estas parábolas, lo importante está en la primera parte. No es la parábola de la "dracma" sino de la mujer que pierde la dracma. Ni de la oveja perdida, sino del pastor que pierde la oveja. Ni del hijo pródigo, sino del Padre bueno a quien le traiciona el corazón.

Según un estudio del gran especialista en parábolas Joaquín Jeremías, lo nuclear en estas tres parábolas, lo que se quiere destacar es la "**insensatez**". Es insensata una mujer que pierde una moneda de poco valor y se pasa la noche buscándola. Es insensato el pastor que pierde una oveja y deja las 99 en el redil. Es insensato el Padre que trata con tanto amor a semejante calavera.

Lo que se quiere decir es claro: Ha llegado un momento en que el amor a Dios le hace perder el juicio, le vuelve loco. Y así recoge sentimientos expresados en el A.T. "Me da un vuelco el corazón y mis entrañas se estremecen" (0s. 11,8).

Especialmente en la parábola del Padre Bueno, se manifiesta a Dios con rasgos maternales:

* Es propio de una madre salir de casa como loca en búsqueda del hijo que se ha ido. (En Israel un anciano nunca corre).

* Es propio de una madre poner la mesa, hacer la comida y preparar el banquete para el hijo.

* Es más propio de una madre preparar la ropa y sacar del arca el vestido de fiesta.

San Ireneo, a propósito de las ropas del Paraíso hace esta observación: "El Señor Dios hizo al hombre y su mujer unas túnicas de piel y los vistió ... Dios mostró su amor sustituyendo las hojas de higuera que estrechaban ásperamente la piel del hombre, por las vestiduras más suaves y protectoras" (S.lreneo Adv.Her. P.G.7,963A).

En esta parábola aparece Dios como Padre dando a ese hijo la ropa nueva de una dignidad perdida. Y como Madre dando a ese hijo la ropa suave de un cariño ya olvidado.

Esta parábola toca el corazón de toda persona humana devolviéndole los latidos de ternura, haciéndole pasar del egoísmo a la entrega; del cerrazón al compartir.

Como dirá Peguy: "Parábola que ha quedado clavada en el corazón del impío como un clavo de ternura".

Las personas podremos resistirnos a la verdad, a la belleza, a la justicia, pero nos rendimos ante la ternura.

Comenta Rilke esta parábola: "Drama del hombre que no quería ser amado. Saliendo de la casa del Padre, se sale de la casa del amor, a la cual debe volver porque todo corazón, antes ó después, regresa al manantial de la ternura".

El amor materno es acogida y ternura. El amor entrañable sale de las fibras profundas del ser de la madre, donde la criatura se ha formado y desde donde se apodera de toda su persona haciéndola estremecer.

En esta Parábola del Hijo Pródigo, Jesús ha querido reunir los rasgos del Padre y de la Madre.

ENCUENTRO DE JESUS CON LAS MADRES

Los evangelistas nos presentan algunas escenas donde Jesús se encuentra con distintas madres. Ellas acuden a Jesús a pedirle algo con la confianza de ser atendidas. No piden nada para sí, sino para sus hijos. ¿Cómo reacciona Jesús? Veamos.

* Escena de la viuda de Nain. (Lc.7,1I-17) Jesús se encuentra con un grupo de personas que acompañan a la tumba a una madre viuda que acaba de perder al único hijo que tenía.

El evangelio nos habla de un "hijo único de madre viuda".(v.12) Aquella mujer no le dice nada a Jesús. No le pide nada. Simplemente llora. Jesús se enterneció y le devolvió a su hijo lleno de vida.

No cabe duda de que esta compasión de Jesús ante esta mujer desolada nos revela el amor entrañable de su Padre Dios. Un día, también este Padre llorará la muerte de su hijo único, el nacido de sus entrañas.

Hoy día, los teólogos nos hablan del sufrimiento de Dios Padre en la muerte de su Hijo en la Cruz. Y esta teología empalma con la más antigua y auténtica tradición. Rescatamos un famoso texto de Orígenes:

¿Cuál es la pasión que Dios sufrió, desde el principio, por nosotros? La del amor. El mismo Padre, Dios del Universo que está lleno de misericordia y de piedad, ¿acaso no sufre de algún modo? El sufre una pasión de amor" (In Ez.6,6).

Aquella madre viuda, que pierde al único hijo, salido de su entrañas, revela el dolor de Dios Padre y Madre, al ver morir a su hijo, el Unigénito. y lo mismo que Jesús se lo entregó a su madre, un día El será devuelto al seno de Dios, por su gloriosa resurrección.

*** Escena de la mujer siro - fenicia. (Mt.15,21-28).**

Aquí aparece Jesús con esta madre en una lucha dialéctica. Una lucha que podríamos dividir en tres asaltos:

Primer asalto

Dice la mujer: "Señor, hijo de David, ten compasión de mí. Mi hija está atormentada por un demonio" (v 22). Jesús no le dice nada. Se calla (v.23). Diremos que esta mujer gana por puntos en este primer asalto. Ante un problema concreto y urgente, el silencio no deja de ser una evasión.

Segundo asalto

"La mujer se puso de rodillas y le suplicó: Señor, ayúdame" (v.25). Jesús le dijo: "No he sido enviado sino a las ovejas perdidas de Israel" (v.24). Aquí también gana por puntos la mujer. Ante un problema que está atormentando a una madre, no sirven las meras palabras. Suenan a teorías vacías. Por eso la mujer - madre insiste.

Tercer asalto

Dice Jesús: "No es bueno dar el pan de los hijos a los perros" (v.26). Responde la mujer, retorciéndole el argumento: "Pero también los perros comen las migajas que caen de la mesa de sus amos" (v.27).

Aquí Jesús no es vencido por puntos, sino por "KAO TECNICO" . Jesús le concede lo que pide.

Hay que destacar lo siguiente: Siempre que los hombres quieren poner en prueba a Jesús, quedan vencidos y derrotados. Es interesante leer el capítulo 22 de San Mateo. Ahí le ponen distintas preguntas capciosas. Al final quedan todos asombrados. Y termina el texto con estas palabras: "y desde aquel día ya nadie se atrevió a hacerle más preguntas".

En cambio cuando se trata de esta madre, no le importa dejarse vencer por sus argumentos. y nos preguntamos: ¿Por qué será? Tenemos derecho a pensar lo siguiente: Esta madre, que está atormentada por el sufrimiento de su hija, le recuerda a Jesús lo que es el corazón de su Padre. Dios es como esa madre que no puede ver sufrir a sus hijos. y cuando entra en conflicto la razón y el corazón, Dios sale por los fueros del corazón. Es a Dios a quienes podemos aplicar las sabias palabras de Pascal: "El corazón tiene razones que la razón no comprende".

Cuando uno piensa fríamente en lo que ha sido la Encarnación y la Redención llevada a cabo por Jesús a través de la Cruz, uno descubre que lo que nos ha salvado no han sido las razones de Dios, sino la locura de su amor. Hemos sido salvados por una "corazonada de Dios". Por eso podemos decir que Dios no es sólo Padre, sino también Madre.

Escenas de Jesús con su Madre

Nos remitimos a las dos escenas que nos relata el Evangelista San Juan, íntimamente relacionadas entre sí: la de las bodas de Caná y la escena de Jesús en la Cruz.

En las bodas de Caná, la madre de Jesús pide un milagro para dar solución a un problema concreto que se ha creado en esa circunstancia: "No les queda vino" (Jn.2,3). La respuesta seca y enigmática de Jesús: "A ti y a mí, qué, mujer? (v.4), nos da derecho a pensar que, en el plan de Jesús, no entra el conceder ese milagro tal y como le viene solicitado por su madre, a quien le dará el título de "mujer". Jesús acepta su petición pero se la cambia. y remite a su madre a pensar en "su hora", un momento cumbre de su vida: la hora de su muerte y glorificación.

También Jesús, antes de morir, ha hecho al Padre una petición que no ha sido aceptada: "pase de mí este cáliz" (Lc.22,42. Después de la Resurrección Jesús comprendió que aquella petición no era correcta y que el Padre la cambió por otra mejor: "Convenía que el Hijo del Hombre sufriera todo eso para así entrar en su Gloria" (Lc.24,26).

Cuando Jesús, al pie de la Cruz, le dice a su madre: "mujer, ahí tienes a tu hijo" (Jn.19, 26), María puede comprender que es precisamente ahora cuando ha llegado "su hora".

Es la hora en que su puesto de "mujer" como nueva Eva, ha llegado. Ella, en el plan de Dios, está destinada no a escuchar y atender algún caso concreto de unas personas particulares, sino a ser Madre de todos y escuchar a todos, dilatando así su corazón maternal. Y es precisamente a María, en este momento cuando se le pueden aplicar las palabras de Isaías:

"Ensancha el espacio de tu tienda, despliega tus toldos sin miedo, hinca tus estacas y alarga tus cuerdas; porque te extenderás a derecha y a izquierda; tu descendencia heredará naciones y poblaré ciudades desiertas" (ls.54,2-3).

La "hora de Jesús" en la que el Padre le va a conceder "un nombre ante el cual doblen la rodilla los seres del cielo, la tierra y los abismos, y toda lengua confiese que Jesús es el Señor para gloria del Padre" (Fil. 2,10-11) coincide con la "hora de María".

Esta "mujer" como nueva Eva, que ensancha sus entrañas para albergar a todos los nombres, es imagen de Dios - Madre que, en la entrega de su Hijo por nosotros, nos ha manifestado todo su amor entrañable (Jn.3,16).

HISTORIA DE DIOS-MADRE EN LA TRADICION CRISTIANA

La idea de Dios - Madre no es ninguna novedad. Ha estado presente a lo largo de toda la tradición cristiana. Vamos a espigar algunos de los muchos testimonios:

San Efrén

Apoyándose en las palabras del Credo: "engendrado", afirma que la experiencia de engendrar se adapta más a la madre que al padre. Por eso afirma: "El Espíritu Santo es el eterno femenino de Dios ... En nuestra experiencia no se dice que el padre engendre. Es la madre la que engendra (genitrix). Nosotros decimos en el credo "genitus" (engendrado), sería mejor llamar a Dios Madre - eterna más que Padre - eterno" (5. Efrén el sirio. 306-373).

San Clemente de Alejandría

S. Clemente insiste en la precariedad de los conceptos para hablar de Dios. Por eso es mejor aplicar ciertos aspectos a Dios como Padre y otros como Madre. Así tenemos una idea más rica de Él. "Dios es amor y, precisamente por ese amor, nosotros lo conocemos en su majestad inefable, es padre nuestro pero en su amor se ha vuelto nuestra madre. Sí, en su amor el Padre se ha vuelto mujer y el Hijo que ha nacido de Ella es la mayor prueba de ello" S. Clemente, (P.G.9,641-644).

San Anselmo

San Anselmo, apoyándose en las palabras del Evangelio: "cuántas veces, Jerusalén, te he querido reunir como una gallina a sus polluelos" (Mt.23,37). Nos habla de Jesús como Madre. Nos dice así: Y tú, Jesús, Señor bueno, ¿no eres también mi madre? ¿Es que no será madre el que como una gallina reúne a sus polluelos bajo sus alas? De verdad, Señor, tú eres mi madre". S. Anselmo de Cantorbery. (P.L.158,40-41).

San Bernardo

La idea de Cristo que, como una madre da de mamar a sus hijos, hace que la entrega a ese Señor sea dulce y no amarga. Uno debe ser fiel al Señor, no por la dureza de las normas sino por la dulzura del Señor:

"No dejes que la dureza de la vida asuste tus jóvenes años. Si notas la picadura de la tentación ... mama, no tanto las heridas como los pechos del crucificado. El será tu madre y tú serás su hijo".

Cuando el alma dice: **"Tus pechos son mejores que el vino" (Cant. 1,1)** quiere decir que la riqueza de la gracia que emana de tu pecho, contribuye mucho más a mi progreso espiritual que las reprimendas de los superiores.

Santa Catalina

Esta santa, apoya su argumento de Dios como Madre en el mismo significado de la palabra "madre". Es una palabra tan dulce, tan suave, tan hermosa, que es más divina que humana. Hay que aplicársela a Dios más que a los hombres.

Dice así Santa Catalina:

"La palabra "madre" es una palabra hermosa y llena de amor. Es en sí misma tan dulce y amable que no se puede realmente aplicar a nadie más que a Dios, que es la verdadera madre de la vida y de todo" (Libro de las revelaciones).

Santa Teresa de Jesús

Alude al gesto de la madre que da de mamar a su pequeño. Así está el alma: regalándose y gozando de dulzura y suavidad. "Está el alma como un niño que aún mama, cuando está a los pechos de su madre, y ella, sin que él paladee, échale la leche en la boca para regalarle; que sólo trague la leche que su Majestad le pone en la boca, y goce de aquella suavidad" (Camino de Perfección, XXXI).

V.White

Este gran teólogo dominico, apoyándose en la festividad de la Asunción de María en cuerpo y alma a los cielos, nos habla del misterio de la maternidad de Dios. Ese abismo de amor al que ya ha llegado María. Ella nos ha abierto el camino para ir también nosotros:

"Quizás esta definición de la Asunción de María quiera conducir a la Iglesia a una consideración más profunda y a la última formulación del misterio abismal de la maternidad de Dios. Mediante la Asunción, María retorna a su propia fuente ... lo mismo que Cristo al subir a los cielos nos llevó hasta los brazos de Dios nuestro Padre eterno, puede ser que María asunta a los cielos quiera conducirnos a un conocimiento y a un amor más profundo de Dios, nuestra Madre eterna" (Víctor White, O.P. (teólogo).

P. Congar

El P. Congar se remonta a la generación del Verbo para hablamos de las funciones de Dios como Padre y como Madre:

"Si no corriéramos el riesgo de caer en antropomorfismos diríamos.. que, en la generación del Verbo, Dios hace las funciones de Padre y Madre, engendrándolo en sí mismo y llevándolo en sí mismo" (P. Yves Congar).

P. Rahner

Este gran teólogo católico del s.XX, nos dice que es muy auténtico y plenamente teológico hablar de Dios como Madre:

"Con el mismo rigor que decimos Dios - Padre decimos también Dios - Madre" (Rahner).

Juan Ramón Jiménez

Este gran poeta y escritor español del s. XX, nos habla de Dios como "nido". Somos felices en la medida en que volamos a Él y somos desgraciados en la medida que nos apartamos de Él. Ahora bien, el nido le va más a Dios como Madre: !Qué bien le viene al corazón su primer nido! !Con qué alegre ilusión torna siempre volando a él... y con qué desazón vuelve a dejarlo pobre y desvalido! (Juan RamónJiménez).

Marañon

Este gran médico y escritor español del siglo pasado, nos habla de la fuerza curativa que ejerce sobre los enfermos la mano femenina. Y esta mano tierna y cariñosa nos habla de Dios - Madre, que pone su mano sobre nosotros para curarnos. Recordemos que Jesús, al curar, ponía las manos:

"Muchas veces en el cuerpo de alguno que iba a morir, he sentido notablemente humillada mi ciencia de curar y mi energía de hombre, ante la magia prodigiosa del simple rumor de una falda que iba y venía. Ningún remedio de los nuestros, pobres médicos, tiene el poder maravilloso de una mano de mujer que se posa sobre la frente dolorida".

Juan XXIII

El Papa bueno que convocó el Concilio Vaticano II y se ganó la simpatía de todo el mundo por su bondad y su visión positiva y optimista del mundo, nos dejó una bella página de su propia vida. Una vida que estuvo hilvanada por la ternura de Dios como Madre.

"Me sacó de mi casa cuando yo era un muchacho campesino y con el afecto de una madre amante me dio todo lo que he necesitado. No tenía qué comer y me procuró alimentos. No tenía con qué cubrirme y me vistió. No tenía libros con los que estudiar y también me los proporcionó. En algunos momentos me olvidé de Él y cariñosamente me llamó. Si mi afecto hacia Él se enfriaba, me calentó en su pecho, en la llama que siempre alumbra en su corazón ... y sigue cuidando de mí,

noche y día, más de lo que una madre cuida de su hijo" (Diario de un alma. Cristiandad - Madrid. 1964).

Papa Francisco:

"Dios ama a cada uno de nosotros **«como un padre y como una madre»**: para recordarlo el Papa Francisco sugirió la imagen de esa flor delicada llamada precisamente «no me olvides» que en Argentina se regala a las madres en el día de su fiesta: «de color azul claro si la madre está viva y de color violeta si la madre ha fallecido». Porque **precisamente «como una madre» Dios «fiel en la esperanza» no se olvida nunca de un hijo suyo, afirmó el Pontífice en la misa celebrada el jueves por la mañana, el 22 de marzo de 2018)**

Ciudad del Vaticano (Dios es "padre y madre" y es también "papá", es "ternura" que se manifiesta sobre todo delante de nuestras "llagas". **"Parece que nuestro Dios quiere cantarnos la canción de cuna. Nuestro Dios es capaz de esto. Su ternura es así: es padre y madre. Tantas veces ha dicho: "Pero si una mamá se olvidara de su hijo, Yo no te olvidaré. Nos lleva en sus propias entrañas. Es el Dios que con este diálogo se hace pequeño para hacernos comprender, para hacer que nosotros tengamos confianza en Él y podamos decirle con la audacia de Pablo que cambia la palabra y dice: "Papá, Abba". Papá... Es la ternura de Dios". (14/12/2017, VATICANO)**

MARIA, ICONO DE LA TERNURA DE DIOS.

EL PADRE NUESTRO REZADO POR MARÍA, LA MADRE DE JESÚS.

Desde que Jesús enseñó esta bella oración a "sus discípulos", no ha dejado de rezarse por miles y miles de cristianos a lo largo de veinte siglos. Está traducido en casi todos los idiomas del mundo y viene a ser el "pequeño catecismo" de vida cristiana.

Es la primera oración que nos enseñan nuestras madres cristianas y suele ser la última oración que sellan los labios del cristiano antes de partir de este mundo. Pero ha habido una persona que lo ha rezado de una manera singular. Es María, la Madre de Jesús. Ella, antes de pronunciarlo, lo ha meditado en su corazón y lo ha hecho vida. Intentamos sumergimos en el alma de María y recoger los sentimientos más hondos, las emociones más profundas y los latidos más íntimos de su corazón al pronunciar esta oración.

Seguramente al filtrar esta oración por su vida, concitará en nosotros el eco de los mismos sentimientos de Cristo cuando, en el silencio de la noche y en un diálogo abierto con su Padre Dios, nos entregó en esta oración sus propias experiencias personales.

PADRE

"Jesús habla con Dios como un niño habla con su papá: con sencillez, confianza e infinito amor. María ha sentido, como ninguna criatura, esa abrasadora cercanía de Dios".

En el A.T hay una palabra clásica para manifestar el amor de Dios a su pueblo: RAHAMIN, que significa: "entrañas". Y sirve para expresar el amor entrañable de Dios: "¿Acaso una madre puede olvidarse del niño que lleva en sus entrañas? Pues, aunque ella lo olvidara yo no me olvidaría de ti" (15.49,15).

El amor íntimo, profundo y entrañable de Dios, se hace presente y se encarna en María, esa mujer que lleva en sus entrañas al Hijo de Dios. Aquel que, desde toda la eternidad ha vivido "en el seno del Padre" (Jn 1,18), comienza una nueva existencia humana en el seno de la virgen

Madre. Toda la ternura infinita del Padre empapa las entrañas de María y hace que ese Hijo no se sienta extraño en este exilio. María es la primera cuna donde va a reposar el Hijo de Dios. y esa cuna ha sido preparada y construida con el cariño y la ternura del Padre.

Cuando la virgen pronuncia la palabra "Abbá", que antes ha sido pronunciada por su Hijo Jesús, hace estremecer todo su ser como se estremeció su corazón ante la palabra del ángel.

Siempre que María reza esta oración, renueva y actualiza el Misterio de la Encarnación acogiendo en ella toda la bondad del Padre.

María, a medida que el Niño crecía en su vientre físicamente, experimentaba espiritualmente, una dilatación de sus entrañas por la ternura y el amor. Esas entrañas maternales no sólo iban a cobijar a Jesús, sino a toda la Humanidad. Ese seno materno se iba a convertir en auténtica morada, en verdadero hogar de todos los hombres y mujeres del mundo. Con María ya nadie se sentirá huérfano ni morirá de frío.

Ya cada uno de nosotros podrá repetir con Mazariegos:

"Está la lumbre encendida

y tienen fuego las brasas,

está que quema el hogar

y está caliente la casa".

María siempre es presencia y cercanía de Dios. María sigue a Dios como la sombra al cuerpo, pero no nos trae un Dios lejano, que habita más allá de las estrellas. María es epifanía y presencia de un ser cercano, íntimo y entrañable. Lo que una y mil veces le pedimos es que nos dé a Jesús, "el fruto bendito de su vientre".

Esta mediación de bondad y de ternura por parte de María, es reconocida incluso por algunos de nuestros "hermanos separados":

"Amamos en la Virgen la figura de la Iglesia que Tú nos has dado por Madre y de la cual Tú quieres que seamos hijos. María le da a la Iglesia un rostro hacia el cual dirigir nuestra ternura" (Jean de Saussure, pastor protestante).

La Iglesia de veinte siglos, es como una casona grande donde siempre se acumula el polvo y aparecen las goteras. María tiene sabor a Iglesia pequeña, a casa caliente, donde todo está limpio, todo en orden y todo queda cercano. Cuando uno entra en esta casa pequeña tan linda, tan acogedora, uno siempre exclama ... [Qué bien se está aquí!. .. iMe encuentro en mi propia casa!.

NUESTRO

"Si Dios es el Padre de todos, hay que sacar las consecuencias: luego todos somos hermanos. La fraternidad es el fruto precioso de la filiación. María, al pie de la Cruz, queda constituida como Madre de la humanidad entera".

Nos preguntamos: qué resonancia tendría en María la palabra "nuestro". María había sido educada en la fe de sus padres. Ella había recibido una religión en la que Dios era el Dios del pueblo, del pueblo judío. Cuando María pronuncia la palabra "nuestro" se llena de júbilo. El Dios del que habla su Hijo es un Dios universal, Él es Padre de todos: "El hace salir el sol sobre buenos y malos y manda la lluvia sobre los justos y los pecadores" (Mt.5,46).

María, "que guardaba todo lo de su Hijo en su corazón" (Lc.2,51), conservaba con especial cariño estas palabras que le abrían a un amor universal. Así iba preparando su corazón de madre para la misión que le encomendara su Hijo en la Cruz. Con aquella estrecha mentalidad judía, María no habría podido ser la Madre de todos los hombres:

Jesús, antes de morir, nos entregó a su Madre como Madre nuestra. El moría en la Cruz por todos y no quería dejar a nadie huérfano, sin regazo maternal. Ella sería el "sacramento de la ternura maternal de Dios" (Paul Claudel). Todos los que se acerquen a María aprenderán de ella lo que es verdadero amor. En cuestión de amor, Ella es especialista y sabe crear escuela.

El texto de los Hechos de los Apóstoles (Hech.I,13) es muy significativo. María está reunida en oración con los demás apóstoles, esperando la venida del Espíritu Santo. Allí aparece la lista de los apóstoles.

En seguida, María ha caído en la cuenta de que en esa lista falta uno. No está Judas. Para María esto ha supuesto un gran dolor. Si ha caído en la cuenta de que "falta el vino"(Jn 2,3), ¿Cómo no va a preocuparse del hijo que se ha perdido? A una madre se le puede perder el hijo, pero a un hijo nunca se le pierde la madre.

María, en el Cenáculo, ha rezado por Judas y por tantos hijos extraviados que viven lejos de Dios. El pecado siempre es un misterio. San Pablo nos habla de "misterio de iniquidad" (2 Tes.2,7). Pero frente a este misterio de iniquidad hay otro misterio superior: el "misterio de la bondad" de Dios que se hace presente en el corazón de María, la Madre de Jesús y madre nuestra ... Nos consuela pensar que María ha orado por todos.

La maternidad de María es un regalo de Jesús agonizante para todos los hombres y mujeres de este mundo. Y esta presencia y cercanía de María la percibimos, no sólo los católicos, sino todos los hijos de Eva que son también hijos de María.

Es bonito oír hablar bien de la Virgen a otros hermanos separados, incluso alejados: "Oh Virgen bienaventurada y Madre de Dios, qué gran consuelo ha mostrado Dios en ti, pues con tanta gracia ha mirado tu humildad, recordándonos así que, de ahora en adelante, no nos despreciará, sino que nos mirará graciosamente a nosotros, hombres pobres, según tu ejemplo" (Comentario de Martín Lutero al Magníficat).

"Cuando el día de la Resurrección seamos llamados, la primera en avanzar en las filas de las criaturas humanas será María, la Madre de Jesús. ¡Paz a ella!" (Rabia, mística musulmana que recoge la sura 19 del Corán).

"María advierte, al mismo tiempo, que Cristo es su hijo, su niño y es Dios. lo mira y piensa: este Dios es mi hijo. Esta carne divina es mi carne: tiene mis ojos; la forma de su boca es la forma de la mía, se parece a mí. Es Dios y se me asemeja. Ninguna mujer nunca ha podido tener a un Dios niño que se pueda tomar en brazos y cubrir de besos, un Dios cálido que sonríe y respira. Un Dios que se puede tocar y que ríe" (Jean - Paul Sartre. filósofo y escritor ateo).

Se podrían aplicar a María las palabras que el evangelista Juan dice de Jesús: "De su plenitud (maternal) hemos participado todos.

María ha sabido unir bien estas dos palabras: "PADRE Y NUESTRO". Con la primera palabra "Abbá", sus entrañas se llenan de ternura. Con la segunda palabra "nuestro", esa ternura la derrama en todos los hombres y mujeres del mundo. y ése es su oficio maternal:

Llenarse para darse. Llenar su corazón de la bondad del Padre y enviar sangre pura y caliente a todo el organismo humano. El amor de nuestra madre llega a todos. Nadie podrá decir que está solo o abandonado. La voluntad de Jesús en la Cruz fue el darnos a su madre por madre nuestra. Ella sería la nueva Eva, madre de todos los vivientes.

QUE ESTAS EN EL CIELO

El cielo y la tierra son dos polaridades distintas: la tierra es morada del hombre, el cielo es morada de Dios. Por la Encarnación, Dios se ha hecho cercano, ha puesto su tienda entre nosotros. Pero no ha perdido su ser trascendente. Él siempre es "El Otro" el "distinto de nosotros". María ha vivido a Dios en su cercanía y lejanía. Ha sabido cargar con el Misterio sin pretender entenderlo ni explicarlo.

Esta frase "que estás en los cielos" es propia del evangelista Mateo. Ha sido añadida al Padre nuestro para que su Comunidad no perdiera el sentido del Misterio. Ese Padre bondadoso, tan cercano, tan entrañable, a quien uno puede llamar "Papito", ése no ha dejado de ser Dios y, a pesar de haberse acercado tanto a nuestra tierra, Él vive en el Cielo.

Allí eleva Jesús su mirada cuando reza.

Cuando Dios está con la Virgen, bien se puede decir que está en el cielo. "María es un cielo para Dios". No obstante, **María siempre ha estado envuelta en la nube del misterio.** María siempre le ha dejado a Dios ser Dios. María ha tenido muchas veces a su hijo en brazos, lo ha acunado en su corazón. Conoce todos sus latidos, todos los nervios y articulaciones. Aquella rodilla bellamente tersa sobre la que se quiebra la luz de la tarde, la conocería entre un millar. Pero cuál es el designio de este Hijo, es algo que desconoce como cualquier otra mujer. María ha sabido decir sí al Misterio pero no ha tenido la osadía de abrirlo, pues lo hubiera estropeado. No ha entendido a Dios pero ha hecho algo más importante que eso: se ha fiado plenamente de Dios.

María ha escuchado del ángel cosas tan lindas como éstas: "Será grande y se llamará Hijo del Altísimo, el Señor le dará el trono de David, su padre; reinará sobre la casa de Jacob para siempre y su reino no tendrá fin" (Lc.I,32).

Sin embargo, en su vida normal no ha percibido nada de eso. y en la Cruz al ver morir a su hijo de esa manera, en medio de malhechores. Los hechos desmentían las palabras del ángel. María no duda. Actualiza la fe de Abraham, el padre de los creyentes. Y como él, sabe cambiar las promesas de Dios por el Dios de las promesas.

María se ha acercado a la "zarza que arde sin consumirse" (Ex.3,2) con un profundo respeto, con asombro, con estremecimiento. "María es el templo de Dios pero no es el Dios del Templo" (San Ambrosio).

María es como esa ciudad santa edificada sobre un monte. Oigamos a San Gregorio: "María es un monte sublime porque, para alcanzar a concebir al Verbo eterno, elevó el vértice de sus méritos sobre los coros de los ángeles, hasta los umbrales de la divinidad".

Pero ella sabe que todo es gracia, que todo es regalo de Dios. Todo lo que tiene se lo debe a Aquel que "ha mirado la pequeñez de su esclava" (Lc.1,48).

María, a lo largo de todo el ministerio público de Jesús, ha percibido en su Hijo una "divina lejanía". "Lo santo" ha crecido en ella y la ha desbordado. Citemos algunas bonitas palabras de K. Adán:

"Había en Jesús algo íntimo y profundo, un "sancta sanctorum" al que no tenía acceso ni su misma madre sino, únicamente su Padre. En su alma humana había un lugar, precisamente el más profundo, completamente vacío de todo lo humano, libre de cualquier apego terreno, absolutamente virgen y consagrado a Dios. El Padre era su mundo, su realidad, su existencia y con El llevaba en común la más fecunda de todas las vidas" (K. Adán, Jesucristo, Pg. 128).

Jesús ha amado a su madre con toda el alma, con todo su corazón, pero en las cosas que tenían relación con Dios, su Padre, le dijo a su madre lo que también le dijo a María Magdalena: "Noli me tangere". No te metas, no me toques los asuntos del Padre. Y ella ha aceptado vivir así "de sola fe".

Nadie ha experimentado como Ella, ese vértigo, ese escalofrío que aparece siempre cuando lo pequeño se opone ante lo Inmenso, lo finito ante lo Infinito y la nada ante el Todo. A medida que María se separaba del Hijo en la carne, se acercaba más al hijo "en la fe". María será "la creyente", la madre de todos los creyentes.

SANTIFICADO SEA TU NOMBRE

En el A.T. el nombre define la persona, su misterio profundo. Jesús nos dirá lo que define realmente a Dios: El ser Padre. Él es Amor. María será la "llena de gracia"; es decir, la llena de Dios, la llena de amor.

Si en Israel el nombre designa el ser íntimo, cuando María dice: "Santo es su nombre" (Lc.I,49), está afirmando la grandeza y santidad de Dios. A María le encanta alabar, bendecir y glorificar a Dios. El Magníficat es un himno de alabanza que recoge toda la glorificación de su pueblo a Dios y la hace suya. Nunca Israel ha podido cantar a Dios con mejor música. Porque la letra es del pueblo pero la música la pone Ella. Ella es la mejor canción.

Ella tiene un nombre que le ha puesto el ángel: "La llena de gracia" (Lc.1,28). Cuando el ángel saluda a María la define por lo que Ella lleva dentro. Para María, "ser ella misma" es estar colgada del favor de Dios. Todo lo que hay en Ella es limpio, claro, transparente. "En Ella se ha cumplido la estupenda y total victoria del bien sobre el mal" (San Juan Pablo 11).

María está llena de Dios. Rebosa a Dios, rezuma a Dios por todos los poros de su ser. Ella es para Dios "el mejor cantar". Sólo Ella puede recitar en verdad el salmo 103: "Bendice, alma mía al Señor y todo mi ser a tu santo Nombre". Sólo se puede bendecir a Dios con todo el ser, cuando todo el ser es de Dios.

Al venir Jesús al mundo y tomar una naturaleza humana, ha "introducido en este exilio aquel canto que se cantaba en las moradas celestes" (S.C83). Ciertamente, María ha sido el primer coro donde comenzó a cantarse. Aquí, en el seno de María comenzó la vida monástica. Ella ha condensado en su corazón todo ese "rumiar" la Palabra de Dios por parte de tantos hombres y mujeres que, desde los Monasterios, han consagrado su vida a la alabanza del Señor.

El corazón de la Virgen era una especie de "incensario de brasas encendidas de amor". Cada obra, por pequeña que fuese, cada deseo, cada anhelo, cada palabra que brotaba de su corazón, era como un grano de incienso que provocaba ese "humo de suave olor" que se elevaba hacia el Altísimo. María "llena de gracia". Bello, limpio y dulce nombre. No cansa repetirlo. Siempre tiene sabor a estreno y a sorpresa. Nunca se hace viejo en nuestros labios. y si Dios nos tuviera que poner a nosotros un nombre ... ¿acaso nos diría: "el lleno de Dios"? O más bien nos diría "el flojo", el vulgar, el mezquino, el mediocre ... de Dios?

Qué lejos estamos nosotros de lo que significó para las primeras comunidades el nombre de "cristiano ". El evangelio apócrifo gnóstico de Felipe, nos ha dejado este bello testimonio: "Si dices: yo soy judío, nadie se conmueve; si dices: yo soy romano, nadie se altera. Si dices: yo soy griego, soy esclavo, soy libre, nadie se agita. Pero si dices: yo soy cristiano, el mundo tiembla".

Vamos a pedir a la Virgen "que sepamos rechazar lo que es indigno de este nombre y vivir lo que en él se significa" (Colecta Domingo XV, del tiempo ordinario).

VENGA A NOSOTROS TU REINO

"El reinado de Dios es la irrupción de Dios en la vida de las personas. Supone un nuevo estilo de vida. Es ver las personas y los acontecimientos con unos ojos nuevos: los ojos de la fe. Jesús es el Reino. El que más y mejor sigue a Jesús, más y mejor conoce el Reino de Dios. María es la mejor exponente de este Reino".

El Reino concentra todas las aspiraciones de los profetas. El Reino es la nueva realidad traída por Jesús. Ha hecho de él el centro de su predicación.

El evangelista Marcos comienza su evangelio con estas briosas palabras: "Se ha cumplido el tiempo. El Reino de Dios está cerca. Conviértanse y crean en esta alborozaste noticia" (Mc.I,15).

Esta realidad tan maravillosa no se puede adquirir con nuestros propios méritos. Es puro regalo de Dios. "y está dentro de nosotros" (Lc.17,21) si lo queremos aceptar. Este Reino se hizo presente en María de una manera especial. En Ella había una irrupción de Dios y todos los sueños de los profetas se hacían realidad en Ella. María, con su dulzura, con su bondad, nos domestica, quita de nosotros lo bestial, lo pasional, lo animal.

Estando María presente, "podrán vivir juntos el lobo y el cordero; el leopardo y el cabrito; el ternero y el león" (Is.62,4)

Con María, "esta tierra ya no será la devastada, la abandonada sino, la desposada" (ls.62, 4). Eva sí que era la tierra desolada, la de los espinos y abrojos. Pero María es esa tierra fecunda donde Dios se complace.

En Nazaret Jesús experimentó que aquello del Reino era posible y se convertía en una realidad palpable.

Entrar en Nazaret es como aprender a ver la vida de otra manera. Allí se estaba abriendo en la historia una manera nueva de vivir, una manera nueva de estar y de ser. Antes de que los evangelios fueran escritos, Nazaret ya tenía sabor a evangelio.

* Jesús, como hombre, aprendió en Nazaret a ser pobre, dulce y amable, a ser verdadero y auténtico, a ser compasivo y misericordioso, y a ser fiel a la voluntad del Padre.

* En Nazaret se da un auténtico ensayo de evangelio:

- "Aprendió lo de la levadura en la masa" (Mt 13,33).

- "Y a poner la luz sobre el candelabro" (Lc.8,16).

- "y a buscar la moneda perdida" (Lc.15,8).

- "y a invitar a comer a cojos y mendigos" (Lc.14,13).

* Jesús compara el Reino de Dios a "un tesoro" (Mt.13,44). Él sabe que ese tesoro está en el cielo; y es su Padre. Pero también sabe que hay otro tesoro aquí en la tierra y está escondido en el mismo corazón de su Madre.

Y cuando Jesús habla del Reino como de un mercader que "busca perlas preciosas" (Mt.13 45), su pensamiento, instintivamente, se va hacia su madre: la perla fina del evangelio.

Jesús ha hablado también de un sembrador que sale a sembrar y que parte de la semilla cae en buena tierra y da el .30, el 60 y el 100 por uno

(Mt.13,8). Jesús conoce perfectamente las costumbres de su país y sabe que es bueno un año cuando la cosecha da el siete por uno. Nunca la tierra ha dado ni un 30, ni un 60, ni un 100 por uno. Pero Jesús sabe que la semilla, excepcionalmente, ha caído en una tierra óptima que ha producido el ciento por uno. Y esa tierra óptima es el corazón de su Madre.

Jesús ha vivido en Nazaret una "experiencia del Reino". Cuando Jesús predicaba no hacía otra cosa sino hablar de lo que llevaba dentro. Su predicación estaba salpicada de recuerdos maternos. Y si es cierto que "María guardaba en su corazón todas las palabras de Jesús" (Lc.2,51), no es menos cierto que este Hijo guardaba también en su corazón toda la rica experiencia de 30 años vividos junto a su Madre.

HÁGASE TU VOLUNTAD

El fiel cumplimiento a la voluntad de Dios, María lo realiza en clave de seguimiento. María sigue en todo al Hijo y así cumple la voluntad del Padre. Todo lo que el Hijo hace en clave masculina lo realiza María, su Madre, en clave femenina:

* Al entrar Jesús al mundo, dijo: "Aquí estoy para hacer, Oh Dios, tu voluntad" (Heb. 10,7). La vida de Jesús, desde el comienzo, fue un SI sonoro y rotundo al Padre. Nada ni nadie le podrá apartar del cumplimiento fiel a esa voluntad. El "fiat" de María (Lc.1,38) fue la respuesta que María daba a Dios en sintonía perfecta con el Hijo. Era la prolongación del Sí de Jesús.

* La vida de Jesús se desarrolla como un servicio gratuito y desinteresado por la humanidad. Él pudo decir: "No he venido a ser servido sino, a servir" (Mt.20,28).

Las palabras de María al Ángel: "Aquí está la esclava del Señor" (Lc.I,38) son como las notas de una misma sinfonía. María vive para servir:

- A su prima Isabel.

- A los reyes en Belén.

- A los pastores

- A los apóstoles y a cuantos acuden a Ella después de la Resurrección de su Hijo.

Y este servicio no ha sido interrumpido en el cielo. "Esta maternidad de María en la economía de la gracia perdura sin cesar. Asunta a los cielos, no ha dejado esta misión salvadora, sino que con su múltiple intercesión continúa obteniendo los dones de la salvación eterna" (LG,.62).

* Hay un momento en la vida de Jesús en que su corazón estalla de alegría. Lleno del Espíritu Santo, exclama: "Yo te alabo, Padre, Señor del cielo y de la tierra" (Lc..10,20).

Las palabras de María en el "Magníficat" son fiel reflejo de ese gozo de Jesús porque el evangelio es revelado a los pobres y sencillos. Ella, llena del Espíritu Santo, recoge la alabanza del pueblo de Israel porque Dios ha tomado partido por los pobres (Lc.1,53).

* Al abandono de Cristo en la Cruz (Mc.15,35) responde la densa nube del calvario (Mt.27,45) en la que se vio envuelta María, viviendo esos momentos trágicos de "sola fe" (Ro.1,17).

* María no es meta, sino camino. Toda su vida y su misión no es otra cosa que acercar a los hombres a Dios a través de su Hijo. Ella siempre nos señala con el dedo a Aquel que es el "único camino hacia el Padre" (Jn.14,16). Ella con sus palabras y sobre todo con su vida, nos dice "Haced lo que Él os diga" (Jn.2,5). La verdadera devoción mariana está orientada al evangelio de Jesús.

Por eso puede decir de Ella el Papa San Pablo VI: "La Virgen María ha sido siempre puesta por la Iglesia a la imitación de los fieles, no precisamente por el tipo de vida que llevó, y mucho menos por el ambiente socio - cultural en el que se desarrolló, hoy casi en todas partes superado, sino porque en su vida concreta se adhirió total y responsablemente a la voluntad de Dios" (San Pablo VI. Marialis cultus).

Jesús murió diciendo: "Todo está cumplido" (Jn.19,30). La misión que el Padre le había encomendado tocaba ya su fin. También María pudo cerrar el libro de su existencia diciendo: "MISION CUMPLIDA".

DANOS HOY NUESTRO PAN

"El pan expresa el alimento en general. Dios quiere que la tierra esté bien repartida y exista pan para todos. María, como buena Madre, quiere que la riqueza de este mundo se reparta equitativamente entre los hermanos".

María, en las bodas de Caná, cae en la cuenta de que "aquellos novios no tienen vino" (Jn.2,3). Se les ha acabado aquello que constituye el símbolo y elemento fundamental de la fiesta. Va a suponer, ciertamente, un bochorno para aquella pareja. A partir de entonces va a decaer la fiesta y los novios van a quedar muy mal con todos los invitados.

Es importante descubrir ese detalle, ese estar en todo, esa intuición de madre, esa preocupación porque todo esté bien y no sufran los nuevos esposos.

Pero, al fin y al cabo, aquello era una fiesta. El vino es artículo de lujo y no de primera necesidad. La pregunta brota instantánea: si María sufre porque aquellos esposos no tienen vino, ¿quién podrá medir el sufrimiento de esta madre cuando sus hijos no tienen pan? Porque el pan es el alimento diario, es el símbolo de lo que se necesita para poder vivir.

Una madre es feliz cuando están cubiertas las necesidades de sus hijos, al menos las más elementales. Podemos imaginar la petición constante de María:

-pan para todos.

-escuelas para todos.

-viviendas dignas para todos.

-hospitales para todos.

El que haya hombres y mujeres en el mundo que "mueren de hambre", ésa debe ser una llaga abierta en su corazón de Madre. Y ésa es la imagen que nos presentan los evangelios acerca de María.

El Magníficat nos pone una imagen de María en la que su profunda actitud religiosa de contemplación se prolonga en un compromiso de acción liberadora. Así Ella empalma con la tradición de los profetas. La pobreza de María no es un gesto meramente personal, sino todo un talante de crítica y protesta social.

Así lo ha expresado el Papa San Pablo VI cuando nos habla del alcance del canto del Magníficat en boca de María:

"María puede muy bien ser tomada como modelo que están anhelando los hombres de nuestro tiempo. A pesar de estar profundamente entregada a la voluntad del Señor, lejos de ser una mujer pasivamente sumisa, o de una religiosidad alienante, fue mujer que no dudó en afirmar que Dios es vengador de los humildes y oprimidos y derriba de sus tronos a los poderosos del mundo" (San Pablo VI. Marialis cultus.1974).

El papel de María es el de ser Madre pero Madre de todos. Madre que exige a los hermanos ricos compartir con sus hermanos pobres. Dios ha entregado esta tierra para todos. Y la tierra sólo es de todos cuando está bien repartida.

Es muy significativa la respuesta de San Francisco a su Vicario Pedro Catáneo preocupado por la escasez de fondos para los pobres: "¿Qué has de hacer para socorrer a los pobres? Despoja el altar de la Virgen y vende su menaje, si no tienes otro camino. Créeme, a Ella más le agradará que se cumpla el evangelio de su Hijo despojando su altar que tener adornado de riqueza su altar despreciando en el pobre a su Hijo".

DÁNOSLO HOY

"El pan es un artículo de primera necesidad. No podemos prescindir de él y lo necesitamos comer cada día. También necesitamos aprender a vivir con sencillez, como María, el día que Dios nos ofrece como regalo".

El evangelista Lucas ha remarcado la importancia de vivir el "hoy":

- Hoy ha nacido un Salvador (2,11).

- Hoy se cumple esta escritura (4,21).

- Hoy ha llegado la salvación a esta casa (19,9).

- Hoy estarás conmigo en el paraíso (23,43).

El tiempo se concentra en el "hoy". El ayer ya pasó y el mañana es incierto. Aprovechar el "hoy" es dar importancia a lo que acontece "cada día".

En todas partes vamos poniendo días para todo:

- El día del padre.

- el día de la madre.

- el día del niño.

- el día de la juventud.

- el día de la primavera.

- el día del maestro.

- de la ecología.

-Del enfermo.

¿Por qué no inventamos "el día del ,día"? ¿Por qué no celebramos el día normal, el día ordinario, el día laboral, el día no más? ¿Por qué no estrujamos cada día y le sacamos todo el jugo que tiene?

Se nota que las letanías no han sido compuestas por María. Si Ella las hubiera confeccionado, no hubiera faltado esta invocación: "Madre de todos los días, ruega por nosotros".

Nazaret es el signo de la epifanía de Dios en las cosas pequeñas de cada día, signo de la sonrisa de Dios en nuestro diario caminar.

En Nazaret comienza para María la secuencia de las horas, los meses, los años monótonos, en un ambiente provinciano. En una existencia cotidiana sin milagros ni revelaciones.

Pero toda esa vida oculta de María está envuelta en amor. Y quien tiene el corazón enamorado es capaz de transfigurar el desierto en primavera, como ocurre en el Cantar de los cantares.

Dice el peregrino ruso: "Cuando yo oraba interiormente y era envuelto por el amor, veía a todo el mundo bajo un aspecto maravilloso: árboles, pajarillas, hierba, tierra, aire, luz. Todo parecía decirme que existía para el hombre y atestiguaba el amor de Dios por él, cantando la gloria de Dios".

El filósofo Celso, un griego del tercero que se enfrentaba a los cristianos, afirmaba que Jesús de Nazaret no podía ser hijo de Dios porque: ¿Cómo Dios iba a enamorarse de una mujer campesina que se ganaba la vida hilando?

Para Celso María no daba la talla. Pero Jesús no cambió la situación social de su Madre. Es más, a Dios su Padre, le gustaba así: humilde, sencilla y pobre. De hecho, el ángel no fue a buscar la madre de Jesús ni a la sabia Grecia ni a la opulenta Roma. Fue a Nazaret, un pueblo insignificante, donde había una joven que no sabía hacer nada que se saliera de lo corriente pero que sabía hacer lo ordinario extraordinariamente bien; es decir, con un inmenso cariño. Madre de todos los días, ¡ruega por nosotros!.

PERDONA NUESTRAS OFENSAS COMO NOSOTROS PERDONAMOS A LOS QUE NOS OFENDEN

"El perdón de Dios y el perdón a los hermanos no pueden ir separados, por caminos distintos. Son como dos cauces que se juntan en el mismo río. Dios nos perdona y nos capacita para el perdón. María es la gran perdonadora. Ha sabido perdonar a los mismos que estaban matando a su Hijo". María, Madre de misericordia

En familia, cuando un hijo ha hecho una travesura o ha cometido un error, a quién acude primero es a la madre. Ella se encarga después de facilitar el terreno al hijo para que éste vaya a pedir perdón al padre.

Que la Virgen es Madre de misericordia no es sólo una doctrina que aprendimos en el catecismo, sino en el libro de la vida. ¿Quién de nosotros no ha sentido la mano cercana y cariñosa de María a lo largo de su existencia? ¿Quién no la ha invocado en los momentos de oscuridad o debilidad? ¿Quién no se ha visto envuelto en su regazo maternal? Una y mil veces hemos rezado: "vuelve a nosotros esos tus ojos misericordiosos".

Disfrutemos de las lindas palabras de Emilio Mazariegos hablando de los ojos de María:

"Ojos de esa mujer que supo mirar los ojos de Dios como un enamorado mira los ojos de su enamorada. En esos ojos encuentro entrada, profundidad, hondura, camino abierto hacia lo limpio, lo puro, lo bello. Son para mí como un mar infinito donde levanto mi vuelo de libertad; como cumbre de montaña donde domino el horizonte perdido; son para mí como casa entrañable, como nido caliente, como un remanso de paz ... Esos ojos dan esperanza, levantan con su mirada al abatido, comunican fe; dan seguridad al hombre que camina por valles tenebrosos. Dan amor a los que mendigan cariño. Son mirada de Dios, epifanía de Dios".

El perdón de María

Nos abruma la grandeza del perdón de María, especialmente al pie de la Cruz. Ella ha seguido fielmente a su Hijo. Obrando según El obraba y cumplía la voluntad del Padre.

* Jesús, al pie de la Cruz está pidiendo perdón por aquellos que le están asesinando. y María, por fidelidad al Hijo, tiene que perdonar a aquellos que están asesinando al Hijo de sus entrañas.

* Jesús no se limita a perdonar, pide excusas por ellos al Padre. "No saben lo que hacen" (Lc.23,34).Y María tiene que excusar a aquellos verdugos que se ensañan contra Jesús.

* Pero no son los verdugos, los ejecutores materiales de la muerte, los que más le hacen sufrir. Son aquellos que pasan delante y se mofan de El: "Si es el Hijo de Dios, que baje Dios a salvarlo" (Lc.23,35-37). Y María tenía que perdonar a los que se estaban riendo y mofando del Hijo que, en esos momentos, estaba entregando la vida por ellos.

* Todavía más. Jesús, antes de morir, dice a su madre: "Mujer, ahí tienes a tu hijo" Jn.19,26). Y allí estaba Ella, la mujer, la nueva Eva, recibiendo en sus entrañas a todos los hombres. y entre esos hombres a quienes debía aceptar por hijos suyos estaban los que le quitaban la vida al Hijo de sus entrañas. Y María perdonaba, excusaba y aceptaba en su corazón de Madre a todos como hijos suyos. Así fue el perdón de María.

NO NOS DEJES CAER EN TENTACION

La vida del hombre sobre la tierra está expuesta a la violencia. Es combate, campo de batalla. Jesús no se libró de esta condición humana y fue también tentado. Pero Jesús venció la tentación y quiere que nosotros salgamos también vencedores. La vida de María no fue nada fácil. Fue un camino de fe y por tanto, lleno de oscuridad. Pero Ella supo aplastar la cabeza de la serpiente".

La gran tentación de Jesús fue ésta: Él era Dios. Y sin embargo, debía de pasar como puro hombre. "Siendo igual a Dios pasó por la vida como uno de tantos" (Fil. 2,6). No quiso ventajas ni privilegios. "Incluso se sometió a la muerte ... y muerte de Cruz" (Fil.2,8).

María, por fidelidad al Hijo, tuvo que renunciar constantemente a lo que a Ella le parecía bien.

* María presenta a su hijo en el Templo. Este debería ser un día grande y gozoso para Ella. Así lo era para cualquier mujer de fe en Israel. Pero allí mismo va a recibir un mensaje que le ahogará la fiesta: "Una espada traspasará tu alma" (Lc.2,35).

* En las bodas de Caná María, la mujer del detalle y del servicio, quiere gozar haciendo un favor a aquellos jóvenes esposos; por eso le pide al Hijo un milagro. Jesús lo va a conceder pero no con los fines que lo pide su Madre, sino por razón de la fe de los discípulos. "Allí manifestó su gloria y los discípulos creyeron en El" (Jn. 2,11).

* En cierta ocasión, una mujer del pueblo viendo los prodigios que Jesús hacía, quiso elogiar a su madre y dijo: "Dichoso el vientre que te llevó y los pechos que te criaron" (Lc. 11,27).

Toda madre se siente orgullosa de sus hijos. María debería estarlo de un modo especial.

Sólo ella ha tenido en el mundo el inmenso privilegio de ser la Madre de Dios. Jesús le dice que sí, que debe ser feliz, pero no por el hecho de haberle dado a luz, sino "porque ha escuchado la palabra de Dios y la ha guardado" (Lc.II,28). Y María acepta ser feliz por el camino que le marca su Hijo y no por el camino natural que ella pensaba.

* Al pie de la Cruz, Jesús le va a pedir a su madre el sacrificio supremo: renunciar a su propio Hijo, el Hijo de sus entrañas y aceptar a Juan que representa a toda la humanidad. y María dice SI.

* No ha sido nada fácil la vida de María. Debió recorrer un camino en fe, un auténtico Vía - crucis, renunciando siempre a su propia voluntad.

* Ella ha sido la gran ausente en los momentos del triunfo de su Hijo, cuando hacía milagros y cuando la gente le quería hacer rey (Jn..6,15). Pero se hace bien presente en el momento de la prueba y del dolor, cuando su Hijo muere como un criminal, en medio de dos bandidos. Su presencia allí era infamante. Cualquiera la podía señalar con el dedo y decir: !Esa es su

madre!, la madre del sentenciado a muerte y ajusticiado. ¡Ya podría haberle educado mejor!.

*Gracias a la aceptación de María de querer ser nuestra Madre, Ella está presente en nuestra vida, especialmente cuando sus hijos sufren, cuando se sienten solos. María, como madre, no ha podido faltar a la cita con tantas personas que han sufrido y siguen sufriendo a causa de "Corona-Virus". La que cae en la cuenta de que sus hijos "no tienen vino" ¿no va a caer en la cuenta de los dolores, angustias, sufrimientos, y amarga soledad de tantos miles de hijos suyos en esta pandemia? ¿Quién acogió en sus brazos a su Hijo destrozado y muerto en la Cruz? María. ¿Quién ha recogido tantos cadáveres sin derecho a ser despedidos y, en algunos casos, sin que nadie haya querido ir a identificarlos? María, la madre de todos, su propia madre..

MAS LÍBRANOS DEL MAL

"Desde la primera caída de nuestros padres, el mal ha acompañado a la humanidad: muertes, guerras, violencias, atropellos, torturas, etc.. Y todo como consecuencia del pecado. Nosotros pedimos a Dios que nos libre del pecado, fuente y raíz de todos los males. María es la Inmaculada, la limpia, la anti - pecado". María es la Victoria Sobre el Mal

A partir del s. XVI la tradición ha visto en María la mujer que pisotea la cabeza de la serpiente. Así aparece en el arte cristiano.

Hay una tradición constante en la que aparece María en contraste con Eva. Lo que Eva acarreó para el mal, María lo convierte en bien.

* "Como la desobediencia de una virgen Eva hizo caer a un hombre, así el hombre recibió de nuevo la vida por medio de una virgen" (San Ireneo).

* "El lazo de la desobediencia de Eva fue desatado por la obediencia de María; el que la virgen Eva había atado con la incredulidad, la Virgen María desató con su fe" (5. Ireneo).

* "la llaga que María cerró y ungió, la hermosa haga de sus pies, fue aquella que Eva había abierto y punzado" (Dante, Paraíso).

* "Eva trajo la muerte al mundo, María la vida. Aquella con el bocado de la manzana bebió la amargura. Ésta, de la fuente de su hijo,

alcanza la dulzura". (Texto que enseñó a orar a los francos. Misal Gótico.a.700).

* "La puerta del paraíso cerrada por la primera Eva, en adelante está abierta a todos por medio de santa María" (Batiente de la Catedral alemana de Llildersheim. s. XI).

* "Si Eva cooperó a un gran mal, María cooperó a un bien todavía más grande" (Cardenal Newman).

María nos ha traído a Jesús y en El todas las bendiciones por parte de Dios (Ef..1,3). María estuvo libre del egoísmo que nos arrastra al pecado y bloquea la perfecta entrega al Padre. María es el anti - mal, el anti - pecado. Ella nos ayuda a librarnos de todo mal, sobre todo del egoísmo ue es la raíz de todos nuestros males.

AMEN

María, la Mujer del Sí

"La palabra "amen" indica firmeza, seguridad, afirmación existencial. A Dios se le dice: el Dios del Amén. María es también la mujer del SI".

* En la vida es bonito decir sí. A uno le agrada el poder estar disponible ante los requerimientos de los demás. Decir sí en el amor es todavía más lindo. A dos personas que se quieren, que se dicen "sí" Dios les regala un sacramento: el sacramento del matrimonio.

* Pero decir "sí" a una persona siempre comporta un riesgo. Detrás de cada persona hay un pequeño "misterio". Y debes decir sí a ese misterio que, como misterio, desconoces.

* María tuvo la osadía de decir SI AL MISTERIO DE DIOS. Y de ese SI dependía la Encarnación. Quizás nadie, como S. Bernardo, ha sabido contar la trascendencia de ese momento histórico, el momento culmen de la humanidad. Dice así:

"El ángel espera tu respuesta, oh María. También nosotros estamos esperando, Señora, este don tuyo que es don de Dios. En tus manos está el precio de nuestro rescate. Responde pronto, oh virgen. Pronuncia la palabra que la tierra, los infiernos y hasta el cielo esperan. Abre, oh Virgen bienaventurada, tu corazón a la fe, tus labios a la palabra y tu seno al Creador. Mira, el que es el deseo de todas las gentes está fuera y llama a tu puerta ... Levántate, corre, abre. Levántate con la fe, corre con tu afecto, abre con tu" consentimiento".

Y uno de los más grandes teólogos católicos de nuestro siglo ha expresado así este acontecimiento:

"En un instante eterno, tu palabra fue la palabra de la humanidad y tu "sí" el amén de toda la creación que ha respondido al sí, sin arrepentimiento de Dios. Como mujer de nuestra raza, has recibido para nosotros y has encerrado en tu seno y en tu amor a Aquel en nombre del cual existe la salvación en el cielo y en la tierra" (K. Rahner).

* Pero el "amén" de María no lo hemos de ver sólo en ese momento solemne de la Anunciación. El sí de María lo debemos contemplar a lo largo de toda su vida.

* Ha dicho sí a Jesús pero ha sabido decir "sí" al proyecto y mensaje de Jesús. Cuando una mujer se casa con un militar en tiempo de guerra ya sabe a qué se expone. Y María supo decir sí a Jesús, al Mesías. "Una espada atravesará su corazón durante toda la vida (Lc.2,35). y la silueta de la Cruz aparecerá siempre en lontananza. María ha vivido con el alma "en vilo".

* María no sólo ha dicho "sí" a Jesús sino, a toda la humanidad, a todos nosotros. Ella ha aceptado esos nuevos hijos.

A veces a nosotros nos resulta fácil decir "sí" al Jesús del Sagrario pero nos resulta más difícil decir sí al hermano que está al lado, que convive con nosotros y que, por ser tan distinto, molesta y golpea la intimidad.

* Saber decir "sí" suele ser muy bonito en teoría pero en la práctica.es bien difícil. Por eso nunca debemos cansamos de decirle a la Virgen: "Madre de todos los hombres, enséñanos a decir AMEN".

ORACIÓN A MARÍA, MADRE DE TODOS.

En medio de esta Pandemia que azota a toda la Humanidad, quiero dirigirme a Ti, María, con el cariño, la cercanía y sencillez de un niño con su madre. Y darte gracias de todo corazón

Gracias por tus **"manos hacendosas"** que tocan y acarician lo pequeño, lo de siempre, lo que acontece cada día: eso de ir a la fuente a buscar el agua; lo de saludar con una sonrisa a las personas que te encuentras en el camino; lo de limpiar la casa y meter la "levadura en la masa" para que José y Jesús puedan comer el **"pan tierno de cada día",** lo de canturrear un salmo de David mientras lavas los pañales a tu niño o zurces la vieja camisa de José. María.

Gracias por esas manos suaves, dulces, delicadas, que se han acercado para acariciar a tantos enfermos del Corona-virus a punto de morir en medio de una terrible soledad. Allí estabas Tú, como buena Madre, para que no se sintieran solos.

Gracias por tus **"pies presurosos"** para servir a tu prima Isabel que te necesita. Tú acabas de decir "SI" a Dios y eres la mujer más importante de la Historia; pero no se te han subido los humos a la cabeza. Haces lo de siempre, lo que sabes hacer, lo que te sale de dentro: **SERVIR.** Quita de nosotros todo orgullo, toda vanidad, todo afán de poder. Que nuestro oficio sea servir con presteza y alegría a nuestros hermanos.

Gracias **"por tu boca".** Tú has entonado un "himno de alabanza a Dios". Y lo has hecho recogiendo la alabanza de tu pueblo. Tú has disfrutado **"haciendo grande a Dios".** Tú, sin necesidad de ir al Templo, has ofrecido al Señor, mejor que ningún otro sacerdote, el **"mejor incienso de la tarde".**

Gracias **"por tus brazos"** que han acogido a tu Hijo muerto y, sobre su cadáver, has derramado lágrimas de ternura y de compasión sobre el cuerpo dolorido de la Humanidad. Tu dolor de madre te hace comprender el dolor de tantas madres que en este tiempo de COVID-19 no han podido consolar a sus hijos; de tantos hijos, que no han podido despedir a sus padres; de tantos esposos que no han podido darse el último beso. En el primer ofertorio de la historia, Tú has ofrecido al Padre en la patena de tu

Hijo muerto los destrozos de una humanidad deshumanizada con tanta guerra, tanta violencia, tanta peste, tantas epidemias.

Gracias **"por tu fe"** El evangelio nos dice que, a veces, no has comprendido a Dios, pero te has fiado plenamente de Él. Y en la noche de la fe, cuando tu Hijo muere y todo queda en tinieblas, cuando nadie cree en la Resurrección, tú has sabido mantener encendida la **"única lámpara de la esperanza".** En esta noche oscura que estamos atravesando, sé tú el lucero que nos anuncie un nuevo día.

Gracias **"por tu corazón de madre"** En él has conservado todo el evangelio hecho **"vivencia, experiencia"** Eres el "**quinto evangelio hecho vida".** No lo has escrito porque lo estás escribiendo cada día para cada uno de nosotros. En ese "corazón de madre" has guardado toda la ternura del amor del Padre. Gracias porque nos enseñas que, a pesar de todas las apariencias, Dios nos ama con ternura y nos ha dado a su propio Hijo para hacerse solidario con nosotros en el trabajo, en el sufrimiento y en la muerte más atroz: en una Cruz.

Gracias a ti, **"Virgen grávida"** que has llevado en tus entrañas la **"plenitud de Dios"** Ese bonito nombre de "María" que te pusieron tus padres, ha sido cambiado por el Ángel: **"La llena de gracia"** Lo tuyo es **"rebosar"** . Eres la **"grávida de Dios".** Y cuando Jesús en la Cruz te pide que seas la **"madre de todos"**, tu corazón no duda en ensancharse, hacerse grande, para que no haya ni una persona que no pueda encontrar un hueco en la casa de tu corazón de madre.

:

INDICE.

yes

I want morebooks!

Buy your books fast and straightforward online - at one of world's fastest growing online book stores! Environmentally sound due to Print-on-Demand technologies.

Buy your books online at
www.morebooks.shop

¡Compre sus libros rápido y directo en internet, en una de las librerías en línea con mayor crecimiento en el mundo! Producción que protege el medio ambiente a través de las tecnologías de impresión bajo demanda.

Compre sus libros online en
www.morebooks.shop

KS OmniScriptum Publishing
Brivibas gatve 197
LV-1039 Riga, Latvia
Telefax: +371 686 204 55

info@omniscriptum.com
www.omniscriptum.com

Printed by Books on Demand GmbH, Norderstedt / Germany